FUN FOOD

Kreative Ideen aus der Küche

Inhalt

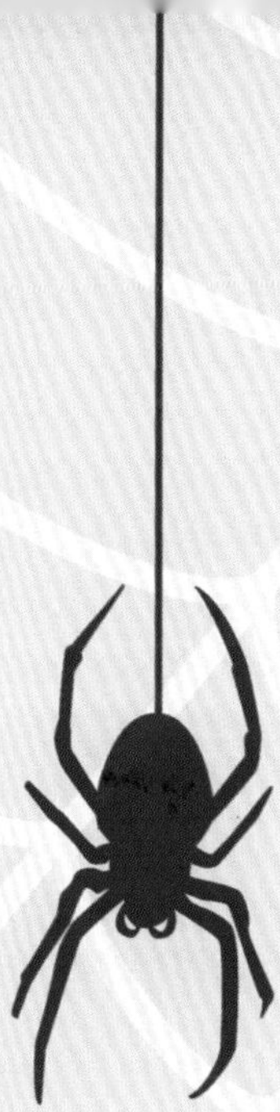

Mit dem Essen spielt man nicht!

Generationen von Kindern hörten immer wieder dieselbe Ermahnung. Doch die Rezepte dieses Buches bilden die viel zitierte Ausnahme der Regel. Sie sind zum Spielen geschaffen worden!

Und mit Essen spielt man doch!

Ob fürs Partybuffet, für die Adventszeit, zum Kindergeburtstag, als essbarer Liebesgruß zum Valentinstag oder als besonderes Geschenk für die beste Freundin – die Rezepte dieses Buches sind vielleicht nichts für jeden – aber für die ganz besonderen Tage des Jahres, von denen es nie genug geben kann. Allesamt sind es kreative Ideen, die aus Essbarem einen Augenschmaus machen, immer versehen mit einem Augenzwinkern. Dabei sind die Rezepte leicht umzusetzen. Ganz bewusst wurde auf allzu kompliziertes Pâtisserie-Handwerk ebenso verzichtet wie auf filigrane Schnitzarbeiten oder Molekularküchen-Leihgaben. Wir wollten keine Rezepte für Profiköche kreieren, sondern für verspielte Menschen, die ein bisschen Kind geblieben sind.

Vorbereitung und Haltbarkeit

Gerade wenn Partybuffets oder Feiern durch essbares Beiwerk kreativ verschönert werden sollen, ist es ein großer Vorteil, wenn möglichst viel im Vorfeld erledigt werden kann. Doch wie lange sind die kleinen Kunstwerke haltbar? Und was lässt sich entspannt im Vorfeld erledigen?
Die folgende Übersicht liefert Wissenswertes rund um Haltbarkeit und Aufbewahrung:

Baiser
Luftdicht verpackt hält sich Baiser wochenlang ohne pappig oder zäh zu werden. Das Schaumgebäck kann also weit im Vorfeld gebacken werden, am besten immer dann, wenn man sowieso etwas Eiweiß übrig hat.

Blätterteig
Am besten schmeckt Blätterteig, wenn er tatsächlich frisch am gleichen Tag gebacken und verzehrt wird. Wenn es aber mal tatsächlich nicht anders geht: Bereits gebackener Blätterteig sollte nur mit einem Küchentuch bedeckt aufbewahrt werden, sonst wird er weich. Am besten das Gebäck vor dem Verzehr noch einmal kurz aufbacken.

Brioche-Teig/Hefeteig
Brioche- und Hefeteig kann vor der eigentlichen Ruhephase gut über Nacht abgedeckt im Kühlschrank deponiert werden. Am Backtag dann herausnehmen – und während der Teig auf Zimmertemperatur gebracht wird, geht er nochmals auf. Frisches Hefegebäck kann auch tiefgefroren werden. Vor dem Verzehr sollte es langsam im Kühlschrank aufgetaut und im Backofen nochmals kurz aufgebacken werden.

Cake Pops
Cake-Pops können gut tiefgekühlt aufbewahrt und somit weit im Voraus zubereitet werden. Sind die Cake Pops bereits am Stiel und verziert, bleiben Sie im Kühlschrank luftdicht verpackt weitere 3 Tage frisch und lecker.

Götterspeise
Götterspeise kann bereits 3 Tage vor Verzehr zubereitet und im Kühlschrank aufbewahrt werden.

Mürbeteig
Ungebackener Mürbeteig kann tiefgekühlt auf Vorrat zubereitet und portioniert in Tiefkühlbeuteln aufbewahrt werden. In diesem Fall muss er vor der Weiterverarbeitung langsam im Kühlschrank aufgetaut werden.

Rührteig
Rührteig schmeckt am besten 1–2 Tage nach dem Backen. Gebackener Rührteig kann allerdings auch tiefgekühlt aufbewahrt werden. Vor dem Verzehr sollte das Gebäck dann langsam im Kühlschrank aufgetaut und nochmals kurz im Backofen aufgebacken werden.

Quark-Öl-Teig
Gebäck aus Quark-Öl-Teig schmeckt am allerbesten ganz frisch und sollte am Backtag verzehrt werden. Dafür ist er aber auch im Gegensatz zu vielen anderen Teigsorten wirklich superschnell zubereitet.

Fondant, Schmelzdrops, Ganache, Icing – was ist das eigentlich?

Fondant
Pastenähnliche Zuckermasse, die es mittlerweile in allen Farben gibt. Zum Teil sogar schon ausgerollt. Hauptsächlich wird Fondant als schützender und dekorativer Mantel für Torten, Cake-Pops und Petit Fours verwendet. Der Vorteil gegenüber Marzipan: Fondant kann besser eingefärbt und geformt werden.

Schmelzdrops, auch Candy Melts
Kleine Schokoladenplättchen, die es in vielen verschiedenen Farben gibt. Sie können im Wasserbad geschmolzen werden und eignen sich als Überzug für Cake-Pops.

Ganache
Eine einfache französische Creme aus Sahne, bisweilen auch Frischkäse, und Schokolade. Je nach Verhältnis von Sahne und Schokolade zueinander wird die Mischung cremig-fest oder bleibt flüssig und wird, wenn alles kalt ist, mit den Rührbesen des Handrührers schaumig aufgeschlagen.

Icing
Zum einen ein spezieller, cremiger Überzug aus geschlagenem Eiweiß und Puderzucker, zum anderen generell hauptsächlich weiße, cremige Überzüge, also auch Buttercremes oder Frischkäsecremes.

Sonderzubehör

Wer kreativ sein möchte, braucht – gerade im Süßbereich – ein bisschen Handwerkszeug, das es nicht unbedingt im Supermarkt um die Ecke gibt. Die Rede ist von Fondant, Lebensmittelfarbe in verschiedenen Farben in Pasten- oder Puderform und Deko-Zutaten wie zum Beispiel essbarem Glitter. Im Internet gibt es jedoch jede Menge Anbieter, die sich genau darauf spezialisiert haben.
Sicher ist ein guter Spritzbeutel für vielerlei Rezepte unentbehrlich. Hier lohnt es sich, etwas Geld in einen Profispritzbeutel zu investieren. Dabei sollte darauf geachtet werden, dass der Beutel kochfest ist und somit gut sauber gehalten werden kann. Auch sollten die Tüllen von Außen zu wechseln sein. Damit entfällt glitschiges Hantieren mit Creme und Co., die Hände bleiben sauber, die Creme quillt nicht über und die Ergebnisse können sich sehen lassen.
Lassen Sie sich inspirieren und genießen Sie schon beim Backen, Basteln und arrangieren die Vorfreude auf die vielen Ah's! und Oh's! Ihrer Gäste und Beschenkten.
Sie werden begeistert sein, mit welch geringem Aufwand tolle Ergebnisse erzielt werden können.
Viel Spaß!

Tiere und Natur

Erdnuss-Bärchen

Für ca. 10 Bärchen

160 g Mehl • 1/2 El Backpulver • 1 Prise Salz • 100 g Haferflocken • 90 g Butter • 60 g Erdnussbutter • 120 g brauner Zucker • 2 P. Vanillezucker • 1 Ei • Rosinen zum Verzieren

Zubereitungszeit ca. 45 Minuten
(plus ca. 1 Stunde Zeit zum Kühlen, ca. 11 Minuten Backzeit und ca. 30 Minuten Zeit zum Auskühlen)

Das Mehl mit dem Backpulver und dem Salz mischen und die Haferflocken darunterrühren. Die Butter mit der Erdnussbutter, dem braunen Zucker und dem Vanillezucker in einer zweiten Schüssel mit dem Quirl cremig rühren. Das Ei dazugeben und weiterquirlen, bis eine homogene Masse entstanden ist.

Die Mehlmischung zur Buttermasse geben und alles sorgfältig miteinander vermengen. Den Teig in Folie gewickelt für ca. 1 Stunde in den Kühlschrank legen.

Den Backofen auf 200 °C vorheizen. Ein Backblech mit Backpapier auslegen. Vom Teig ca. 180 g abnehmen und zu einer Rolle formen. In 10 gleich große Stücke schneiden, Kugeln rollen und leicht flach drücken. Dies sind die Bäuche. Nun ca. 120 g abnehmen, zur Rolle formen und in 10 gleich große Stücke teilen. Kugeln rollen, leicht flach drücken und als Köpfe an die Bäuche drücken. 30 g vom restlichen Teig beiseitelegen. Aus dem Rest (ca. 270 g) eine Rolle formen und in 60 gleich große Stücke teilen. Daraus jeweils Kugeln rollen. Jeder Bär bekommt nun Ohren, Beine und Arme. Aus dem restlichen Teig ganz kleine Kugeln rollen und diese als Nasen mittig auf die Köpfe setzen.

Mit einem Zahnstocher jeweils 2 Augen in den Kopf drücken und einen Bauchnabel. Die Rosinen in kleine Stücke schneiden und jeweils 1 Stück in jede Mulde setzen. Die Bärchen in den Ofen schieben und auf mittlerer Schiene ca. 11 Minuten goldgelb backen. Herausnehmen und abkühlen lassen.

Käse-Käfer

Für 8 Käfer

3 El Mayonnaise
1/2 Tl Senf
Salz, Pfeffer
8 runde Pumpernickel-Taler
8 kleine, runde Käse
8 Schnittlauchhalme
16 kleine Kapern
1 El Ketchup

Außerdem

Mayonnaise zum Befestigen der Kapern

Zubereitungszeit ca. 20 Minuten

Die Mayonnaise mit dem Senf verrühren und mit Salz und Pfeffer pikant abschmecken. Auf die Pumpernickel-Taler streichen und die Käse auf den Pumpernickel-Talern verteilen. Falls die Pumpernickel-Taler zu groß sein sollten, auf Größe der Käse zuschneiden.

Die Käsehälften mittig ein- aber nicht durchschneiden. Die Hälften leicht auseinanderbiegen. Schnittlauchhalme waschen, trocken schütteln und halbieren. Jeweils 2 Halme als Fühler zwischen den zusammenhängenden Käseabschnitt und den Pumpernickel in den Mayonnaisen-Senf klemmen. Darüber auf den Käse mit etwas Mayonnaise 2 Punkte tupfen und darauf je 1 Kaper als Auge drücken. Die Flügel der Käfer mit Ketchup betupfen. Am besten geht das mit einem Holzspieß oder Zahnstocher.

Pinguine

Die Möhre waschen, schälen und putzen. 25 Scheiben von ca. 3 mm Dicke abschneiden. In jede Scheibe eine v-förmige Kerbe schnitzen. Sowohl die Scheiben als auch die herausgeschnittenen Ecken aufbewahren, sie bilden später Schnäbel und Füße.

Die Trauben waschen und trocknen. In die kleineren Trauben mittig einen kleinen Schnitt setzen und die breite Seite der Möhrenecke hineindrücken. Aus den größeren Trauben längs einen Keil wie abgebildet herausschneiden. Die Trauben sorgfältig mit Frischkäse füllen.

In jede Möhrenscheibe einen Zahnstocher stecken. Darauf je eine große Weintraube setzen und anschließend die kleinen mit Schnabel aufstecken. Wer möchte kann mit dem restlichen Frischkäse noch zwei Augen auf das Pinguingesicht malen.

Für 25 Pinguine

1 dicke Möhre
50 blaue Weintrauben
(25 große und 25 kleinere Trauben)
ca. 250 g Frischkäse

Zubereitungszeit ca. 30 Minuten

Fliegenpilz mit Eiersalat

Am Vortag die Eier anpieksen und in kochendem Wasser ca. 10 Minuten hart kochen. Abgießen, in kaltes Wasser legen und vollständig abkühlen lassen.

Die Schalotten schälen und fein hacken. Die Gewürzgurken ebenfalls fein hacken. Beides in eine Schale geben. Crème légère, Remoulade und Senf dazugeben. Alles miteinander verrühren. Die Eier pellen, würfeln, unter die Creme heben und alles mit Salz und Pfeffer abschmecken. Abdecken und über Nacht im Kühlschrank ziehen lassen.

Die Tomaten waschen, putzen, trocknen und halbieren. Fruchtfleisch und Kerne herauslöffeln. Die Gurken waschen, trocknen, die Enden abschneiden und die Schale in vereinzelten Streifen mit einem Sparschäler entfernen. Die Gurken in ca. 6 cm lange Stücke schneiden und von 1 Seite vorsichtig mit einem Teelöffel oder einem Messer aushöhlen. Dabei darauf achten, dass die Gurke an einer Seite intakt bleibt.

Die ausgehöhlten Gurkenstücke mit der intakten Seite nach unten aufstellen. Mit dem Eiersalat füllen und jeweils eine Tomatenhälfte aufsetzen. Mit der Mayonnaise darauf kleine Tupfen malen.

Für 10 Pilze

Für den Eiersalat: 5 Eier • 2 Schalotten • 2 Gewürzgurken • 100 g Crème légère • 70 g Remoulade • 2 Tl Senf • Salz, Pfeffer

Außerdem: 5 Tomaten • 2 Salatgurken • Mayonnaise aus der Tube

Zubereitungszeit ca. 25 Minuten (plus ca. 8 Stunden Zeit zum Ziehen)

Hackbraten-Krokodil

Für 1 Krokodil

Für die Füllung: 2 Brötchen vom Vortag • 1 Zwiebel • 1 Tl Öl • 1 Bund Petersilie • 100 g Gouda • 1 kg Rinderhack • 2 Eier • 150 g Frischkäse • 1/2 Tube Tomatenmark • Salz • Pfeffer

Außerdem: 8 Platten Blätterteig (TK) • 1 Ei • 1 El Sahne • 2 El gehackte Pistazien zum Bestreuen • 2 Sternanis für die Augen • Mehl für die Arbeitsfläche

Zubereitungszeit ca. 30 Minuten
(plus ca. 60 Minuten Backzeit)

Die Brötchen in lauwarmem Wasser ca. 10 Minuten einweichen. Die Zwiebel schälen, hacken und im Öl glasig anschwitzen. Beiseitestellen. Die Petersilie waschen, trocken schütteln und die Blättchen hacken. Den Gouda reiben.

Den Backofen auf 180 °C vorheizen und ein Backblech mit Backpapier auslegen. Die Brötchen ausdrücken, in Stücke zupfen und in eine Schüssel geben. Zwiebel, Petersilie und Gouda dazugeben. Das Rinderhack, die Eier, den Frischkäse und das Tomatenmark ebenfalls dazugeben, alles salzen und pfeffern und mit den Händen verkneten. 2 El der Masse abnehmen und zu Kugeln rollen. Beiseitelegen, sie ergeben später die Augen.

Die Blätterteigplatten auftauen lassen. 6 Platten auf einer bemehlten Arbeitsfläche ausrollen. Diese Platten etwas überlappend zu einem Rechteck auf das Backblech legen. Die Hackmasse diagonal daraufgeben und das eine Ende zu einer spitz zulaufenden Rolle (Krokodilschwanz) formen. Auf das dickere Ende, das den Kopf bildet, rechts und links die Hackkugeln aufsetzen und leicht andrücken. Nun den Blätterteig über die Hackmasse schlagen und diese vollständig bedecken. Andrücken und die überstehenden Teigreste abschneiden. Daraus 4 Rollen formen und diese als Beine an das Krokodil ansetzen. Mit dem Messerrücken einkerben.

Die restlichen Blätterteigplatten ebenfalls etwas ausrollen. Daraus zunächst Quadrate, dann Dreiecke schneiden und diese als Schuppen auf dem Blätterteigrücken verteilen. Nach Belieben 2 Wulste über die Augen legen und andrücken.

Das Ei mit der Sahne verquirlen und das gesamte Krokodil damit einpinseln. Zum Schluss den Rücken des Krokodils mit gehackten Pistazien bestreuen und 2 Sternanis in die Augen drücken. Auf der mittleren Schiene ca. 60 Minuten backen. Nach 40 Minuten immer mal wieder die Oberfläche kontrollieren. Wird der Blätterteig zu dunkel, das Krokodil mit Alufolie abdecken.

Für 12 kleine Raupen

1 Glas zusammenhängende Mini-Wiener (190 g) • mehrere schöne Blätter Blattsalat • 6 Mini-Mozzarellakugeln • 6 Kirschtomaten • 1 Stängel krause Petersilie • etwas Kresse • 1 Tl Ketchup • 1 Tl Mayonnaise • Zahnstocher

Zubereitungszeit ca. 15 Minuten

Würstchenraupe

Die Würstchen in ein Sieb geben, abtropfen lassen und in 12 Stücke teilen. Diese können ruhig unterschiedlich lang sein. Die Salatblätter waschen, trocken tupfen und auf einer Platte auslegen. Die Würstchenketten darauf anrichten.

Die Mozzarellakugeln ebenfalls abtropfen lassen und trocken tupfen. Die Kirschtomaten waschen, trocknen und den Stielansatz entfernen. Die Petersilie waschen, trocken tupfen und die Blätter abzupfen. Die Kresse vorsichtig abschneiden, waschen und trocken tupfen.

Mit einem Zahnstocher in die Tomaten ein kleines Loch bohren und jeweils 1–2 Petersilienblättchen als Haarbüschel hineinstecken. In die Mozzarellakugeln ebenfalls kleine Löcher bohren und kleine Kressebüschel hineinstecken.

Für die Gesichter der Raupen die Mozzarellakugeln mit Ketchup und die Tomaten mit Mayonnaise bemalen. Dafür einen Zahnstocher in Ketchup oder Mayonnaise tauchen und damit vorsichtig vorne 2 Augen und einen Mund tupfen. Anschließend die verzierten Mozzarellakugeln und Tomaten als Raupenköpfe an die Würstchenketten legen.

Spaghetti-Spinnen

Für 4 Portionen

400 g Spaghetti
8 Wiener Würstchen
1 Zwiebel
1 Knoblauchzehe
1 El Olivenöl
500 ml passierte Tomaten
1 Tl gerebelter Organo
1 Lorbeerblatt
Salz, Pfeffer

Außerdem
Zahnstocher
Mayonnaise
Kapern

Zubereitungszeit ca. 30 Minuten
(plus ca. 10 Minuten Kochzeit)

Die Spaghetti in der Mitte durchbrechen. Die Würstchen in ca. 2,5 cm lange Stücke teilen. Die Wurststücke mit einem Zahnstocher 4–6 Mal durchstechen und in die Löcher vorsichtig die Spaghetti stecken, sodass die Wurst ungefähr in der Mitte der Spaghetti steckt.

Die Zwiebel und die Knoblauchzehe schälen und hacken. Beides in einer Pfanne im heißen Olivenöl bei mittlerer Hitze glasig dünsten. Die passierten Tomaten dazugießen. Oregano und Lorbeerblatt dazugeben, salzen und pfeffern. Aufkochen und ca. 10 Minuten einköcheln lassen.

Inzwischen für die Spaghetti-Spinnen ausreichend Salzwasser aufkochen und die Spaghettiabschnitte mit den Wurststücken nach Packungsanweisung gar kochen. Dann in ein Sieb abgießen. Zum Servieren das Lorbeerblatt entfernen, die Tomatensauce auf Teller verteilen und die Wurstspinnen darauf anrichten. Mithilfe von je zwei Mayonnaiseklecksen pro Spinne je zwei kleine Kapern als Augen fixieren.

Pizza-Kobra

Die Hefe in 100 ml lauwarmes Wasser bröckeln. 1 Prise Zucker und 1 El Mehl dazurühren, alles abdecken und diesen Vorteig 15 Minuten ruhen lassen.

Den Vorteig zum restlichen Mehl geben und alles vermengen, dann das Öl und das Salz dazugeben und den Teig kräftig durchkneten. Mit einem feuchten Tuch abdecken und an einem warmen Ort so lange ruhen lassen, bis sich das Volumen verdoppelt hat. Das dauert ca. 1 Stunde.

Währenddessen den Belag fertigstellen. Dafür Zwiebel und Knoblauchzehe schälen und hacken. Im Öl andünsten. Die gehackten Tomaten zugeben und alles offen ca. 15 Minuten köcheln lassen, dann vom Herd nehmen.

Oregano waschen, trocken schütteln und die Blättchen hacken. Den Schinken würfeln. Die Paprikaschote putzen, waschen, trocknen und ebenfalls würfeln. Alles unter die Tomatensauce rühren, mit Salz und Pfeffer abschmecken. Den Mozzarella in Scheiben schneiden, den Parmesan reiben.

Den Backofen auf 200 °C vorheizen. Ein Backblech mit Backpapier auslegen. Den Teig auf einer bemehlten Arbeitsplatte kräftig durchkneten, denn eine Handvoll Teig für den Kopf abnehmen, den Rest zu einer langen Rolle formen. Diese mit der Küchenrolle ausrollen. Falls der Platz nicht ausreicht, die Rolle halbieren.

Den Teig schlangenförmig auf das Backblech legen. Den Kopfteil birnenförmig rollen und vorne an den Körper setzen. Mit den Fingern den Körper seitlich dehnen und auf jeder Seite einen kleinen Wulst formen. Das Ei mit etwas Milch verquirlen. Kopf und Seitenteile damit bepinseln.

Tomatensugo auf dem Schlangenkörper verteilen, alles mit Mozzarella belegen und mit Parmesan bestreuen. Ca. 25 Minuten backen. Mit 2 Zahnstochern die Oliven als Augen feststecken und an der Schnauze einen kleinen Schnitt machen. Das Paprikastück an einer schmalen Seite dreieckig einkerben und als Zunge hineinstecken.

Für 1 Pizzaschlange

Für den Teig
15 g frische Hefe
Zucker
250 g Weizenmehl (Type 550)
1 El Olivenöl
1 Tl Salz

Für den Belag
1 Zwiebel
1 Knoblauchzehe
1 Tl Öl
250 g gehackte Tomaten (Dose)
1/2 Bund Oregano
150 g Kochschinken
1 gelbe Paprikaschote
Salz, Pfeffer
250 g Mozzarella
30 g Parmesan

Außerdem
Mehl für die Arbeitsfläche
1 Ei und Milch zum Bestreichen
2 Oliven für die Augen
1 Stück rote Paprika für die Zunge

Zubereitungszeit ca. 35 Minuten (plus ca. 60 Minuten Zeit zum Gehen und ca. 25 Minuten Backzeit)

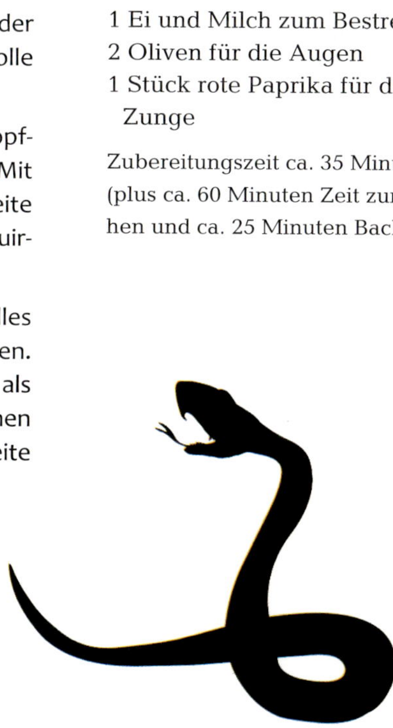

Brötchenmäuse

Für ca. 12 Mäuse

Für den Teig
250 g Magerquark • 40 g Zucker • 1 P. Vanillezucker • Salz • 1 Ei • 3 El Sonnenblumenöl • 7 El Milch • 350 g Weizenvollkornmehl • 1 P. Backpulver

Außerdem
Mehl für die Arbeitsplatte • Rosinen und Mandelblättchen zum Verzieren • 1 Eigelb • 1 El Sahne • 3 Lackritzrollen für die Mäuseschwänzchen

Zubereitungszeit ca. 30 Minuten
(plus ca. 10 Minuten Zeit zum Ruhen, ca. 20 Minuten Backzeit und ca. 30 Minuten Zeit zum Auskühlen)

Den Backofen auf 175 °C vorheizen. Ein Backblech mit Backpapier auslegen. Quark mit Zucker, Vanillezucker, 1 Prise Salz, Ei, Sonnenblumenöl und Milch glatt rühren. Das Vollkornmehl mit dem Backpulver mischen. Nach und nach unter die Quarkmasse rühren. Den Teig abdecken, ca. 10 Minuten ruhen lassen, danach nochmals kräftig mit der Hand durchkneten.

Den Teig auf einer bemehlten Arbeitsplatte zur Rolle formen und in ca. 12 gleich große Stücke teilen. Diese erst zur Kugel rollen und dann leicht tropfenförmig an einer Seite zusammendrücken. Dieses Stück ergibt dann die Nase. Die Mäuse gleichmäßig auf dem Backblech verteilen.

Oberhalb der Nase jeweils 2 Rosinen als Augen in den Teig drücken. Am besten nimmt man hierfür einen Löffelstiel. Dann oberhalb am Kopf 2 Mandelblättchen als Ohren in den Teig stechen. Mäuschen in den Ofen schieben und auf der mittleren Einschubleiste ca. 20 Minuten goldbraun backen. Nach 10 Minuten Backzeit das Eigelb mit der Sahne verquirlen, die Mäuse damit bestreichen und fertig backen. Herausnehmen und auf einem Kuchengitter vollständig auskühlen lassen.

Mit einem Schaschlikspieß hinten an den Mäusen ein Loch bohren. Die Lackritzrollen entrollen und in Stücke schneiden. Jeweils einen Lakritzfaden als Schwänzchen in die Maus stecken. Noch ein Tipp: Quark-Öl-Teig schmeckt am besten ganz frisch.

MARZIPAN-KRABBEN

Für 12 Marzipan-Krabben

Für die Muffins
100 g Zartbitterschokolade
150 g weiche Butter
100 g Zucker
1 P. Vanillezucker
Salz
2 Eier
200 g Mehl
1 Tl Backpulver
25 g Kakaopulver
8 El Milch

Für die Krabben-Deko
500 g Marzipan
dunkelrote und braune Lebensmittelfarbe
50 g Puderzucker

Außerdem
Puderzucker zum Verkneten

Zubereitungszeit ca. 45 Minuten (plus ca. 1 Stunde Zeit zum Auskühlen)

Den Backofen auf 180 °C vorheizen. Die Zartbitterschokolade raspeln und bis zur weiteren Verwendung beiseitelegen. Die Butter mit den Quirlstäben des Handrührers schaumig rühren, dann Zucker, Vanillezucker und 1 Prise Salz hinzugeben und ca. 5 Minuten weiterquirlen.

Erst 1 Ei darunterquirlen und wenn sich dieses vollständig mit der Masse verbunden hat, das andere Ei darunterquirlen. Das Mehl mit Backpulver und Kakaopulver mischen und abwechselnd mit der Milch unter die Eimasse quirlen. Zum Schluss die Schokoraspeln unterheben.

Die Mulden eines Muffinblechs mit einfarbigen Papierförmchen auskleiden. Den Schokoteig darauf verteilen. Die Muffins auf der mittleren Schiene ca. 25 Minuten backen. Dann herausnehmen, die Muffins aus der Form nehmen und auf einem Kuchengitter vollständig auskühlen lassen. Falls die Muffins zu sehr aufgegangen sind, mit einem scharfen Messer oben leicht begradigen.

Zum Verzieren von dem Marzipan ca. 20 g für die Augen beiseitelegen. Den Rest mit einigen Tropfen dunkelroter Lebensmittelfarbe verkneten. Prüfen, ob die Farbe intensiv genug ist, ansonsten noch etwas mehr Farbe darunterkneten. Ist das Marzipan dadurch zu klebrig geworden, etwas Puderzucker darunterkneten.

Nun aus der Hälfte des Marzipans Scheren formen. Hierfür ca. 3 cm lange und 1,5 cm dicke Rollen formen. Diese einschneiden und mit einem Messerrücken Zacken hineindrücken. Das restliche Marzipan flach ausrollen und 12 Kreise mit ca. 10 cm Durchmesser ausstechen.

Jeweils 1 Schere links und rechts an die Muffins drücken. Nun den Panzer darüberlegen, sodass der Scherenansatz verdeckt ist. Den Puderzucker gerade mit so viel Wasser anrühren, dass er dick-cremig ist. Das restliche Marzipan mit brauner Lebensmittelfarbe verkneten, 24 kleine Kügelchen rollen und mithilfe des Puderzuckergusses jeweils zwei Augen auf die Muffins kleben. Mit dem restlichen Puderzuckerguss die Pupillen aufmalen.

Bärentatzen

Für ca. 30 Tatzen

125 g weiche Butter
125 g Zucker
1 P. Vanillezucker
1 Ei
250 g Mehl
1 Eiweiß
200 g weiße Kuvertüre
3 El Sahne
Mandelsplitter zum Verzieren

Zubereitungszeit ca. 40 Minuten (plus ca. 15 Minuten Backzeit und ca. 30 Minuten Zeit zum Auskühlen)

Den Backofen auf 175 °C vorheizen. Die weiche Butter mit dem Zucker und dem Vanillezucker schaumig rühren. Dann das Ei hinzugeben und unterrühren. Das Mehl über die Buttermasse sieben. Dann alles mit einem Kochlöffel zu einer homogenen Masse rühren. Zuletzt das steif geschlagene Eiweiß vorsichtig unterheben.

Ein Backblech mit Backpapier auslegen und mit der Gebäckspritze jeweils 2 ca. 3 cm lange Stränge direkt nebeneinander auf das Blech spritzen. Diese dann leicht platt drücken und hinten rund formen. Vorne jeweils 5 Mandelsplitter als Krallen hineinsetzen. Auf der mittleren Einschubleiste ca. 15 Minuten backen.

Die Stäbchenprobe machen, dann die fertig gebackenen Tatzen herausnehmen und auf einem Kuchengitter vollständig abkühlen lassen.

Die Kuvertüre hacken und mit der Sahne im heißen Wasserbad schmelzen. Die Tatzen damit zu 2/3 einpinseln.

Für 6 Schildkröten

100 ml Milch • 1 P. Vanillezucker • 1 Würfel frische Hefe (42 g) • 500 g Mehl (Type 550) • 120 g Zucker • Salz • 1 Tl abgeriebene Schale von 1 unbehandelten Zitrone • 125 g weiche Butter • 100 g Quark • 2 Eier • 12 Rosinen • 1 Eigelb • 1 El Sahne

Außerdem: Mehl für die Arbeitsplatte

Zubereitungszeit ca. 40 Minuten (plus ca. 1 Stunde 10 Minuten Zeit zum Gehen, ca. 20 Minuten Backzeit und ca. 20 Minuten Zeit zum Auskühlen)

Süße Schildkröte

Die Milch erwärmen, bis sie lauwarm ist, dann den Topf vom Herd nehmen. Den Vanillezucker hineinrühren und die Hefe hineinbröckeln. 1 El Mehl darunterrühren und alles ca. 10 Minuten abgedeckt ruhen lassen.

Das restliche Mehl mit Zucker, 1 Prise Salz und Zitronenschale verrühren. Die weiche Butter, den Quark und die ganzen Eier dazugeben und vermengen. Die angerührte Hefe dazugeben und alles mit den Knethaken des Handrührers zu einem glatten Teig verkneten. Zum Schluss alles mit den Händen kräftig durchkneten. Den Teig in eine Schüssel geben, mit einem feuchten Küchentuch abdecken und an einem warmen Ort ca. 1 Stunde gehen lassen, bis er sein Volumen verdoppelt hat.

Den Backofen auf 200 °C vorheizen. Ein Backblech mit Backpapier auslegen. Den Teig aus der Schüssel nehmen und auf einer bemehlten Arbeitsplatte nochmals kräftig durchkneten. Den Teig halbieren. Aus einer Hälfte 6 gleich große Kugeln rollen, diese leicht flach drücken und gleichmäßig auf dem Backblech verteilen. Sie bilden die Körper. Aus der anderen Teighälfte eine Rolle formen und diese in ca. 30 gleich große Stücke teilen. Aus diesen werden Arme, Beine und Köpfe der Schildkröten gerollt. Die Teigrollen leicht an den Körper andrücken.

Am Kopf mit je 2 Rosinen Augen markieren, dann den Körper mit einem scharfen Messer rautenförmig einritzen, damit das typische Panzermuster entsteht. Auf der mittleren Schiene ca. 20 Minuten backen. Nach 10 Minuten Backzeit das Eigelb mit der Sahne verquirlen und die Schildkröten damit einpinseln. Fertig backen, herausnehmen und abkühlen lassen.

Regenwürmer im Tontopf

Für 6 Tontöpfe

60 g Marzipanrohmasse • 500 ml Milch • 2 El Zucker • 1 P. Schokoladen-Puddingpulver • 3 Brownies • 2 El Kakaopulver

Außerdem

6 kleine Tontöpfe • ca. 30 Fruchtgummiwürmer • 3 Zweige Zitronenmelisse

Zubereitungszeit ca. 20 Minuten (plus ca. 45 Minuten Zeit zum Abkühlen)

Die Tontöpfe mit kaltem Wasser ausspülen, trocknen, dann das Marzipan als Pfropfen auf die Löcher der Tontöpfe verteilen.

Von der Milch 6 Esslöffel abnehmen, den Rest erhitzen. Den Zucker mit dem Puddingpulver in die kalte Milch rühren. Sobald die restliche Milch kocht, das angerührte Puddingpulver hineinrühren. Einmal unter Rühren aufkochen, dann vom Herd nehmen und etwas abkühlen lassen. Den Pudding auf die Tontöpfe verteilen und vollständig abkühlen lassen.

Die Brownies zerkrümeln und als Erde auf den Pudding streuen. Alles mit Kakaopulver bestreuen, so wirkt es noch echter. Dann 3–5 Würmer leicht in die Erde und den Pudding stecken, sodass sie etwas Halt haben und aus den Töpfen gucken lassen. Die Töpfe mit Zitronenmelisse verzieren.

Bienen-Eis

Die Kiwis schälen, in kleine Würfel schneiden und die Obstwürfel auf 4 große flache Teller verteilen.

Die Kuchenglasur nach Packungsanweisung im heißen Wasserbad ca. 10 Minuten schmelzen. Aus dem Eis 4 große Kugeln und 4 kleinere Kugeln formen. Die großen Kugeln auf einen Teller geben. Von der Kuchenglasurpackung eine kleine Ecke abschneiden und die großen Eiskugeln damit streifenförmig verzieren. Bis zum weiteren Gebrauch das Eis wieder ins Eisfach stellen.

Auf je einen Teller mit Kiwiwürfeln 1 kleine Kugel Eis legen. 2 Zuckerperlen bilden die Augen, mit ca. 5 Zuckerperlen einen Mund markieren. Als Fühler jeweils 2 Mikado-Stäbchen in den Kopf stecken. Die mit Glasur verzierten Eiskugeln aus dem Kühlschrank nehmen, hinter den Kopf legen, sodass die Schokostreifen quer sind. In die hinter dem Kopf liegende Eiskugel links und rechts jeweils eine Eiswaffel als Flügel stecken. Den Bienenteller nach Belieben mit weiteren Zuckerperlen verzieren und sofort servieren.

Für 4 Bienen

6 Kiwis • 1 Beutel Schokoladen-Kuchenglasur • 500 ml Aprikosen-Sahne-Eis (ersatzweise Vanilleeis) • bunte Zuckerperlen zum Verzieren • 8 Mikado-Stäbchen • 8 herzförmige Eiswaffeln

Zubereitungszeit ca. 25 Minuten (plus ca. 30 Minuten Kühlzeit)

Birnen-Igel auf Vanillesauce

Für 10 Igel

Für die Igel
500 ml Apfelsaft
250 ml Weißwein
150 g Zucker
2 P. Vanillezucker
2 unbehandelte Zitronen
5 mittelgroße, feste Birnen
250 g Zartbitter-Kuvertüre
20 kleine blaue Schokolinsen
80 g Mandelstifte

Für die Vanillesauce
1 Vanilleschote
500 ml Milch
25 g Speisestärke
40 g Zucker
2 Eier, Salz

Zubereitungszeit ca. 50 Minuten (plus ca. 15 Minuten Kochzeit und ca. 30 Minuten Zeit zum Abkühlen)

Für die Igel den Apfelsaft und den Weißwein mit dem Zucker und dem Vanillezucker in einen Topf geben. Die Zitronen heiß waschen, die Schale abreiben, die Früchte auspressen. Beides zum Apfelsaft geben und aufkochen lassen. Die Birnen waschen, schälen, und halbieren. Die Stiele und das Kerngehäuse entfernen. In den kochenden Apfelsaft legen (falls sie nicht ganz bedeckt sind, noch etwas Apfelsaft dazugießen) und ca. 15 Minuten köcheln lassen. Wenn die Birnen weich sind, den Topf vom Herd nehmen und die Birnen im Sud abkühlen lassen.

Die Birnen aus dem Sud nehmen, trocken tupfen und mit der runden Seite nach oben auf ein Kuchengitter legen. Die Kuvertüre hacken und im heißen Wasserbad schmelzen. Die Birnen bis auf einen Ausschnitt für die Igel-Gesichter mit der Kuvertüre bestreichen. Mit der restlichen Kuvertüre 2 Augen markieren. Auf die Augen die blauen Schokolinsen drücken. Anschließend eine Igelnase malen. Die Igelkörper mit Mandelsplitter spicken und alles für ca. 30 Minuten kühl stellen.

Für die Vanillesauce die Vanilleschote aufschneiden und das Mark herauskratzen. 4 Esslöffel kalte Milch abnehmen und die Speisestärke darin anrühren. Die restliche Milch mit dem Zucker, der Vanilleschote und dem Mark aufkochen. Die angerührte Speisestärke dazugeben, alles aufkochen lassen, dann vom Herd nehmen.

Die Eier trennen, Eiweiß mit 1 Prise Salz steif schlagen, bis zur weiteren Verwendung kühl stellen. Eigelb mit etwas heißer Vanillesauce verquirlen, dann die restliche heiße Vanillesauce dazurühren. Abkühlen lassen, dann das Eiweiß unterziehen.

Die Igel auf der Vanillesauce anrichten und servieren.

Tipp: Wenn Kinder mitessen, ersetzen Sie den Weißwein durch weiteren Apfelsaft. Statt der selbst gemachten Vanillesauce sollten Sie wegen der rohen Eier eine Fertigsauce verwenden.

Gurkenkrokodil

Für 1 Krokodil

1 dicke Salatgurke
ca. 250 g blaue Weintrauben
ca. 250 g Gouda
1 Scheibe Salami
1 Mini-Mozzarella-Kugel
2 kleine Kapern

Zubereitungszeit ca. 30 Minuten

Die Gurke waschen, trocknen und auf einer Längsseite begradigen, damit die Gurke stabil liegt. Das abgeschnittene Stück in 4 gleich große Teile schneiden und diese zu Dreiecken schnitzen. An 1 Seite zickzackförmig einkerben und später als Krokodilfüße an die Gurke legen.

Den spitz zulaufenden Teil der Gurke waagerecht ca. 10 cm tief einschneiden. Dann mit einem scharfen Messer an der Schnittkante oben und unten Zacken hineinschnitzen. Die Gurke auf eine Platte setzen.

Die Weintrauben waschen und trocknen. Den Gouda in ca. 5 mm dicke Scheiben schneiden und daraus Dreiecke schnitzen. Die Salamischeibe rollen und als Zunge in das Maul des Krokodils stecken. Falls das Maul nicht weit genug dadurch offen steht, hinten eine Traube hineinklemmen. Die Mozzarellakugel halbieren und je 1 Kaper als Pupille darauflegen. Mit Zahnstochern hinter der Schnauze als Augen feststecken.

Auf dem Krokodilkörper nun jeweils mit einem Zahnstocher 1 Käseecke auf eine Weintraube setzen und diese in 3 Reihen längs auf dem Krokodil verteilen.

Die Kirschtomaten waschen und trocknen. Den Stielansatz nicht entfernen. Die Brätlinge schälen, waschen und in leicht gesalzenem Wasser ca. 15 Minuten gar kochen. Währenddessen den Feldsalat gründlich putzen, verlesen, waschen und trocken tupfen. Auf 4 Teller oder Schüsseln verteilen. Den Kräuterquark cremig rühren und ebenfalls auf die Teller oder Schüsseln verteilen.

Die gar gekochten Kartoffeln abgießen und etwas ausdampfen lassen. Je 1 Kirschtomate ans Ende eines langen Holzspießes stecken. Dabei darauf achten, dass der Spieß nicht ganz durchgeht, also die Tomate auf einer Seite intakt bleibt. Nun hinter die Tomate so viele Kartoffeln wie möglich aufspießen. Zum Schluss noch längs als Raupenschwänzchen eine Mini-Wurst aufstecken und alles auf den Feldsalat setzen.

Mit der Mayonnaise vorne auf der Tomate 2 Augen und einen Mund zeichnen. Dann in einer Reihe der Länge nach kleine Tupfen auf die Kartoffeln setzen. Sofort servieren.

KARTOFFEL-RAUPE

Für 4 Raupen

4 Kirschtomaten mit Stielansatz • 500 g Brätlinge (sehr kleine Kartoffeln) • Salz • 150 g Feldsalat für die Garnitur • 500 g Kräuterquark • 4 Mini Wiener-Würstchen aus dem Glas • Mayonnaise aus der Tube

Außerdem
4 Holzspieße

Zubereitungszeit ca. 30 Minuten
(plus ca. 15 Minuten Kochzeit)

Zutaten für 4 Portionen

1/2 unbehandelte Salatgurke
4 Möhren
16 Babyspinatblätter
2 Kohlrabis
8 Scheiben Graubrot
2 El Butter
4 Scheiben Tilsiter
4 Scheiben gekochter Schinken
Tomatenmark aus der Tube
Mayonnaise aus der Tube
250 g Kräuterquark

Zubereitungszeit
ca. 30 Minuten

Brotblumen

Die Salatgurke waschen, trocknen und die Schale mit einem Sparschäler in 8 Streifen abziehen. Die Möhren waschen, schälen und putzen. 8 runde Scheiben à ca. 2 mm Dicke abschneiden, den Rest der Möhren in streichholzlange Juliennestreifen schneiden. Die Spinatblätter waschen und trocknen. Kohlrabi waschen, schälen, putzen und in dickere Stifte schneiden.

Aus dem Graubrot mit einem großen Blütenausstecher 8 Blüten ausstechen und diese mit Butter bestreichen. Aus dem Tilsiter und dem Schinken ebenfalls Blüten ausstechen und die Brotscheiben damit belegen. Jeweils 2 Scheiben auf große Teller verteilen, als Stiel darunter die Gurkenschalen anlegen. Aus dem Babyspinat je 2 Blätter pro Stiel anlegen. Die Kohlrabisticks am unteren Tellerrand als Grashalme senkrecht anlegen. In die Blumenmitte je eine Möhrenscheibe legen. Die Tilsiter-Blüten mit Tomatenmark verzieren, die Schinkenblüten mit Mayonnaise.

Den Quark als Sonne oberhalb der Blüten als Klecks auf die Teller geben und mit den Möhren-Juliennes umkränzen.

Tierische Brotzeit

Für 2 Fische

2 Scheiben Bauernbrot
4 El Kräuter-Frischkäse
1 Möhre
1/2 Stange Staudensellerie
1 kleines Radieschen
2 Rosenkohlköpfe
1/2 gelbe Paprikaschote
Mayonnaise aus der Tube
1 Kaper

Zubereitungszeit ca. 20 Minuten

Die Brotscheiben entrinden. Aus einer Scheibe 1 Oval und 1 Dreieck ausschneiden, aus der anderen Scheibe 1 Kreis und 1 Dreieck. Alles dick mit Frischkäse bestreichen und auf einem Teller aneinanderlegen, sodass zwei Fischformen entsteht.

Die Möhre waschen, putzen und schälen. Den Staudensellerie waschen und putzen. Beides in dünne Scheiben schneiden. Von dem Radieschen 1 etwas dickere Scheibe abschneiden, den Rest anderweitig verwenden.

Den Rosenkohl putzen, waschen und vorsichtig die äußeren Blätter abtrennen. Die Paprikaschote putzen, waschen und in Stücke schneiden.

Den einen Fisch mit Möhrenscheiben, Rosenkohlblättern und Staudensellerie belegen. Den anderen Fisch mit Paprikastückchen, Möhren- und Selleriescheiben.

An den Köpfen mit der Mayonnaise einen Punkt tupfen, darauf eine kleine Radieschenscheibe bzw. die Kaper kleben. Mit Mayonnaise oder verbleibenden Gemüse außerdem einen lächelnden Mund malen oder kleben.

Eierigel &

Für 4 Igel

2 Eier
4 Blätter junger Spinat
Mayonnaise aus der Tube
8 kleine Kapern
ca. 60 Mandelsplitter

Zubereitungszeit ca. 10 Minuten
(plus ca. 20 Minuten Zeit zum Abkühlen)

Die Eier anpieksen und in kochendem Wasser ca. 10 Minuten hart kochen. Kalt abschrecken und vollständig abkühlen lassen. Die Spinatblätter waschen, trocken tupfen und auf einem Teller verteilen. Die Eier pellen und längs halbieren. Je eine Eierhälfte mit der runden Seite nach oben auf ein Spinatblatt setzen.

Mit der Mayonnaise 2 Tupfen vorne am schmalen Eier-Ende markieren und die Kapern als Augen daraufsetzen. Die Mandelsplitter als Stacheln in die Eier stecken.

Eier-Raupe

Für 1 Tausendfüßler

3–4 Eier
1 Kirschtomate
1 Bund Frühlingszwiebeln
1 Stück rote Paprikaschote
1 Schnittlauchhalm
Mayonnaise aus der Tube
2 Kapern

Zubereitungszeit ca. 10 Minuten
(plus ca. 20 Minuten Zeit zum Abkühlen)

Die Eier anpieksen und in kochendem Wasser ca. 10 Minuten hart kochen. Kalt abschrecken und vollständig auskühlen lassen. Die Kirschtomate waschen und trocknen. An einer Seite leicht begradigen, damit sie später stabil liegt. Die Frühlingszwiebeln putzen und waschen. Aus der Paprikaschote ein Schwanzstück zuschneiden. Von den Frühlingszwiebeln das Grün längs dritteln und in ca. 4 cm lange Stücke schneiden. Den Schnittlauch waschen, trocken tupfen und halbieren.

Die Eier pellen und in Scheiben schneiden. Diese dachziegelartig in einer Reihe auf einer Platte anrichten. An ein Ende den Paprikaschwanz legen, an das andere Ende die Kirschtomate. Die Frühlingszwiebelabschnitte zu beiden Seiten des Tausendfüßlers anlegen. Sie bilden die Beine. Oben in die Kirschtomate mit einem scharfen Messer einen Schnitt machen und den Schnittlauch als Fühler hineinstecken. Mit der Mayonnaise längs auf den Eiern Tupfen in einer Reihe setzen. 2 weitere kleine Tupfen vorne auf die Kirschtomate setzen und die Kapern als Augen befestigen. 1 Tupfen als Nasenspitze vorne mittig auf die Tomate setzen und zuletzt einen Mund malen.

Für 10 Pilze

10 Eier
1 Kistchen Kresse
5 mittelgroße Tomaten
1 Tube Mayonnaise

Zubereitungszeit ca. 20 Minuten (plus ca. 10 Minuten Kochzeit und ca. 20 Minuten Zeit zum Abkühlen)

Fliegenpilze

Die Eier anpieksen und in kochendem Wasser ca. 10 Minuten hart kochen. Dann abgießen und abschrecken. Vollständig abkühlen lassen.

Die Kresse abschneiden, vorsichtig abbrausen und trocken tupfen. Anschließend dekorativ auf einer Platte verteilen. Die Tomaten waschen, trocknen und die Stielansätze vorsichtig herausschneiden. Anschließend die Tomaten halbieren und mit einem Teelöffel aushöhlen. Mit Küchenkrepp trocken tupfen.

Die Eier pellen, die dicke Seite leicht mit einem Messer begradigen, damit die Eier einen guten Stand haben. Dann auf der mit Kresse dekorierten Platte verteilen. Die Tomatenhälften daraufsetzen und mit Mayonnaise Tupfen auf die Pilze malen.

Nessie

Den Bagel waagerecht halbieren und beide Hälften mit dem Frischkäse bestreichen. Die Salami in Streifen schneiden (ein kleines Stück für die Zunge beiseitelegen) und den Bagel so damit belegen, dass keine Salami herausschaut. Die beiden Hälften wieder zusammensetzen und in der Mitte senkrecht teilen. In das verbliebene Salamistück eine v-förmige Kerbe schneiden.

Die Gurke waschen und bis auf ein Stück längs in nicht zu dünne Scheiben schneiden. Ca. 15 Zacken daraus schneiden (ca. 2 cm lang). 2 Gurkenzacken sowie die Zunge benötigt man für das Kopfstück, 3 Zacken benötigt man für das Schwanzstück. Diese beiseitelegen. Die restlichen Zacken in den Bagel setzen. Diesen dafür aufklappen und die Zacken zur Hälfte in den Frischkäse drücken. Den Bagel wieder zusammensetzen und etwas andrücken.

Die andere Bagelhälfte wie auf dem Foto zerschneiden. Das größere Stück ergibt den Kopf. Hier 2 Gurkenzacken wie oben beschrieben einsetzen. Den Nacken aus dem beiseitegelegten Gurkenstück formen und vorne die Zunge einsetzen. In das Schwanzstück ebenfalls die Gurkenzacken einlegen. Alles andrücken und wie auf dem Foto aufstellen. Zum Schluss mit der Mayonnaise 2 Tupfen für die Augen malen und je 1 Pfefferkorn daraufsetzen.

Für 1 Ungeheuer

1 Bagel
3 El Kräuterfrischkäse
2 Scheiben Salami
1 Salatgurke
Mayonnaise aus der Tube
2 Pfefferkörner

Zubereitungszeit ca. 20 Minuten

Kartoffel-Mäuse

Die Kartoffeln waschen und in kaltem Salzwasser aufsetzen. Aufkochen und ca. 30 Minuten gar kochen. Dann abgießen und ausdämpfen lassen. In der Zwischenzeit die Radieschen waschen, trocknen, putzen und in Scheiben schneiden. Den Schnittlauch waschen und trocken tupfen. 5 Schnittlauchhalme vierteln, 4 Schnittlauchhalme halbieren, den Rest in Röllchen schneiden und unter den Quark mischen.

Die Kartoffeln noch heiß pellen und an einer Seite tropfenförmig zuschneiden. Den Quark bis auf einen kleinen Rest auf 4 Teller verteilen, je 2 Kartoffeln darauf setzen. Mit dem restlichen Quark 2 Tupfen als Augen und je einen als Nasenspitze auf die Kartoffeln geben. Auf die Augen kommen nun noch die Pfefferkörner. An die Nasenspitze die kurzen Schnittlauchhalme heften. Auf der anderen Seite mit etwas Quark je einen halben Schnittlauchhalm als Schwanz befestigen. Die Mäuse oberhalb der Augen mit einem Messer leicht einschneiden und 2 Radieschenscheiben als Ohren in die Kartoffelmäuse stecken.

Aus den restlichen Radieschenscheiben, Römersalat und Mais einen Salat bereiten, neben den Mäusen verteilen und je eine gerollte Scheibe Emmentaler daneben setzen.

Für 4 Portionen

8 mittelgroße festkochende Kartoffeln
Salz
3 Radieschen
1 Bund Schnittlauch
500 g Kräuterquark
16 schwarze Pfefferkörner

Außerdem

1 Römersalat-Herz
1 Dose Mais
4 Scheiben Emmentaler

Zubereitungszeit ca. 40 Minuten

GANZ SCHÖN GRUSELIG

Zombie-Hände

Die Sahne in einem Topf erwärmen. Die Schokolade hacken und mit 1 Prise Salz und dem Vanilleextrakt in der Sahne schmelzen lassen. Abkühlen lassen, für mindestens 30 Minuten kühl stellen, dann mit dem Handrührgerät aufschlagen. Bis zur weiteren Verwendung kühl stellen.

Das Marzipan ausrollen und in 20 Stücke teilen. Nun 20 Finger rollen. Die beste Wirkung wird erzielt, wenn die Finger ungefähr lebensgroß sind. In jeden Finger einen Zahnstocher so weit hineinstecken, dass der Finger steht, aber auch noch im Teig befestigt werden kann. Es lohnt sich, bei den Fingern die Gelenke herauszuarbeiten und mit dem Messerrücken Falten zu ziehen, wenn ein Finger gekrümmt ist. Je echter, desto besser.

Mit großen Dessertringen aus dem Schokobiskuit 4 Kreise ausstechen. Die Kreise mit der Schokosahne bedecken und üppig mit Kakaopulver bestäuben. Mit einem Metallspieß in die Oberfläche Löcher vorformen und die Finger hineinstecken. Zum Schluss den Puderzucker mit etwas Wasser glatt rühren, mit dem Zuckerguss die Mandelblättchen als Fingernägel aufkleben und leicht in die Marzipanfinger schieben.

Für 4 Zombie-Hände

100 ml Sahne
75 g Zartbitterschokolade
Salz
1 Tl Vanilleextrakt
400 g Marzipan
Schokoladenbiskuit (FP)
Kakaopulver zum Bestäuben
Puderzucker zum Befestigen
20 Mandelblättchen

Außerdem

Zahnstocher

Zubereitungszeit ca. 60 Minuten (plus ca. 30 Minuten Kühlzeit)

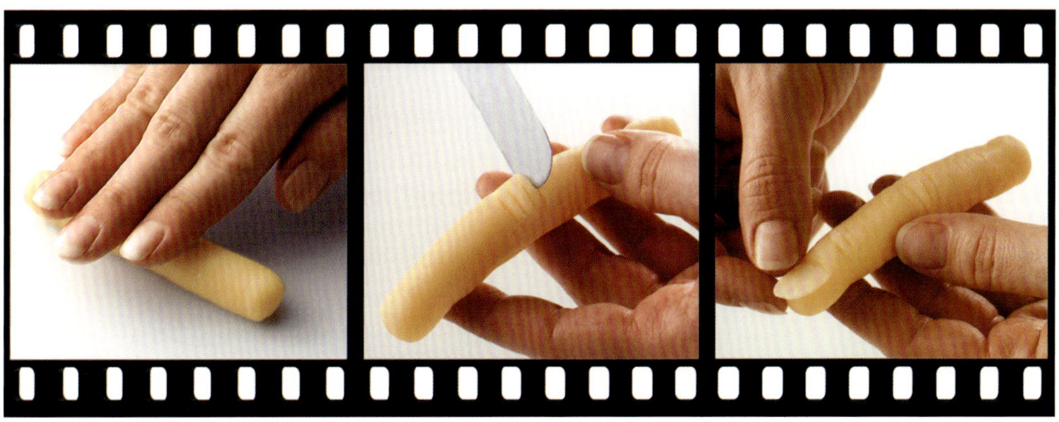

Grusel-Hände in ewigem Eis

Für 4 Hände

2 Beutel rote Götterspeise (für 500 ml Wasser)
100 g Zucker
4 große Baiser (oder 1 Beutel kleine)
250 ml Sahne

Außerdem

4 Haushaltshandschuhe

Zubereitungszeit ca. 20 Minuten
(plus ca. 3 Stunden Kühlzeit)

Das Götterspeisenpulver mit 1 l kaltem Wasser verrühren. Ca. 5 Minuten quellen lassen. Dann den Zucker darunterrühren und alles unter Rühren erhitzen, aber nicht kochen. Den Topf vom Herd nehmen.

4 Haushaltshandschuhe nacheinander anziehen und gründlich waschen. Trocknen und über die Hand auf links drehen (innen sind fast alle Handschuhe mittlerweile beschichtet). Die gerade noch flüssige Götterspeise hineinfüllen. Die Handschuhe mit einem Faden zubinden und zum Erstarren mindestens 3 Stunden in den Kühlschrank legen.

Kurz vor dem Servieren die Baisers in einen Gefrierbeutel geben und mit einem Nudelholz in grobe Stücke brechen. Die Sahne steif schlagen und die Baiserbrocken unterheben.

Die Handschuhe mit einem scharfen Messer einschneiden und die Götterspeisenhände herauslösen. Die Trümmersahne auf einer Platte verteilen und die Götterspeisenhände darauf anrichten.

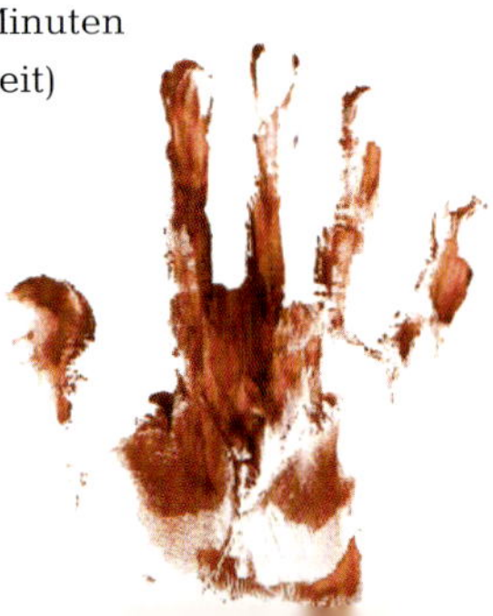

Fratzenküsse

Die Zartbitterschokolade im Wasserbad schmelzen. Die Mandelsplitter damit an einem Ende bepinseln und trocknen lassen. Die Fruchtgummis in 10 feine Scheiben schneiden.

Oben auf den Schokoküssen mit roter Lebensmittelfarbe 2 Punkte markieren, dann pro Schokokuss 2 Mandelsplitter als Hörner hineinstecken. Mit roter oder schwarzer Lebensmittelfarbe die Augen malen. Mit einem Tupfen Lebensmittelfarbe die Lakritzscheiben als Mund festkleben.

Für 10 Teufelsfratzen

30 g Zartbitterschokolade
20 Mandelsplitter
2–3 Lakritzfruchtgummis
10 Mini-Schokoküsse
rote und schwarze Lebensmittelfarbe

Zubereitungszeit ca. 15 Minuten (plus ca. 15 Minuten Zeit zum Trocknen)

Das blutende Herz

Für eine Springform (26 cm Ø)

Für den Teig
6 Eier
Salz
400 g weiche Butter
400 g Zucker
400 g Mehl
1 El Backpulver
200 g weiße Kuvertüre
ca. 250 g rote Grütze (FP)
200 g Himbeergelee
300 ml Sahne
1 Päckchen Vanillezucker
silberne und rosafarbene Liebesperlen

Außerdem
Butter für die Form

Zubereitungszeit ca. 1 Stunde 20 Minuten (plus ca. 1 Stunde Backzeit, ca. 1 Stunde Zeit zum Auskühlen und ca. 30 Minuten Zeit zum Trocknen)

Den Backofen auf 200 ° vorheizen. Eine Springform mit Butter einfetten. Die Eier trennen. Das Eiweiß mit 1 Prise Salz steif schlagen. Bis zur weiteren Verwendung kühl stellen. Die Butter mit dem Zucker schaumig schlagen. Die Eigelbe nach und nach unterrühren. Mehl mit Backpulver mischen, darübersieben und unterrühren. Nun den Eischnee in 2 Portionen unterheben. Den Teig in die Springform füllen, glatt streichen und auf der mittleren Schiene ca. 1 Stunde backen. Herausnehmen, aus der Form nehmen und auf einem Kuchengitter vollständig abkühlen lassen.

Die Torte zweimal waagerecht durchschneiden, dabei den mittleren Boden etwas dicker lassen als den obersten. Den mittleren Boden abnehmen, auf eine Arbeitsplatte legen und eine kleine Schüssel auflegen. Mit dem Messer rundherum fahren und einen Kreis ausschneiden. Den unteren Boden auf eine Tortenplatte legen, den mittleren obenauf.

Die weiße Kuvertüre hacken und im Wasserbad schmelzen. Die Mulde in der Torte dick damit einpinseln und alles trocknen lassen. Die rote Grütze pürieren und so viel davon in die Mulde gießen, bis diese ganz voll ist. Den obersten Boden auflegen. Das Himbeergelee erwärmen, bis es flüssig ist und die Torte außen damit bestreichen.

Die Sahne mit dem Vanillezucker steif schlagen und die Torte üppig rundherum damit bestreichen. Mit Liebesperlen dekorieren.

Gehirn-Muffins

Den Backofen auf 200 °C vorheizen. Ein Muffinblech mit einfarbigen Papierbackformen auslegen. Die Butter und die Nougat-Creme mit dem Zucker schaumig rühren. Nach und nach die Eier unterrühren.

Mehl mit Backpulver mischen und über die Eier-Butter-Mischung sieben. Dann die Haselnüsse dazugeben. Alles mit dem Handrührgerät verrühren, dabei die Milch einfließen lassen.

Den Teig auf die Muffinförmchen verteilen und auf der mittleren Schiene 15–20 Minuten backen. Herausnehmen und die Muffins auf einem Kuchengitter vollständig auskühlen lassen.

Für das Frosting die zimmerwarme Butter mit dem Vanillearoma und 1 Prise Salz mit dem Handrührgerät auf höchster Stufe cremig rühren. Nach und nach den Puderzucker unterrühren, bis eine streichfähige Masse entsteht. Falls die Masse krümelig geworden ist, teelöffelweise so viel heiße Vollmilch darunterrühren, bis sie wieder cremig ist. Mit roter Lebensmittelfarbe rosa färben und in einen Spritzbeutel mit glatter Lochtülle füllen.

Die Muffins auf der Oberfläche wenn nötig etwas begradigen. Dann die Oberfläche mit einer Messer andeutungsweise in 2 Hälften teilen. Von dieser Mitte aus mit dem Frosting gewundene Stränge nach außen ziehen. Den Johannisbeersirup in die Plastikspritze füllen und in die Vertiefungen träufeln. Bis zum Verzehr kühl stellen.

Für 12 Muffins

175 g weiche Butter • 50 g Haselnuss-Nougat-Creme • 150 g Zucker • 3 Eier • 200 g Mehl • 1/2 Päckchen Backpulver • 50 g gemahlene Haselnüsse • 100 ml Milch

Für das Frosting: 150 g weiche Butter • 1 Tl Vanillearoma • Salz • 500 g Puderzucker • evtl. 3 El heiße Vollmilch • rote Lebensmittelfarbe • ca. 100 ml Johannisbeersirup

Außerdem: 1 Plastikspritze (aus der Apotheke)

Zubereitungszeit ca. 50 Minuten
(plus ca. 20 Minuten Backzeit)

Gruselige Mumien

Für 12 Mumien-Muffins

Für die Muffins
2 Eier
150 g Zucker
Salz
100 g Butter
4 El Kakaopulver
140 g Mehl
1 gestrichener Tl. Backpulver

Außerdem
Butter für das Blech

Zum Verzieren
150 g weiche Butter
1/2 Tl Vanillearoma
Salz
500 g Puderzucker
evtl. 3 El heiße Vollmilch
ca. 25 g Marzipanrohmasse
weiße und rote Lebensmittelfarbe
250 g schwarzer Rollfondant
Puderzucker zum Ausrollen

Zubereitungszeit ca. 1 Stunde

Den Backofen auf 200 °C vorheizen, die Mulden eines Muffinblechs mit Butter einfetten. Die Eier in eine Schüssel geben und mit dem Zucker und 1 Prise Salz schaumig rühren, bis sich die Zuckerkristalle aufgelöst haben und die Masse dick-schaumig ist.

Die Butter in einen Topf geben und zerlassen. Dann den Topf vom Herd nehmen. Kakaopulver mit Mehl und Backpulver mischen. Über die Eier sieben. Die gerade noch flüssige Butter dazugießen und alles mit dem Handrührgerät vermengen.

Teig auf die Mulden des Muffinblechs verteilen, auf der mittleren Schiene ca. 15 Minuten backen. Herausnehmen und die Muffins auf einem Kuchengitter vollständig auskühlen lassen.

Für das Frosting die zimmerwarme Butter mit dem Vanillearoma und 1 Prise Salz mit dem Handrührgerät auf höchster Stufe cremig rühren. Nach und nach den Puderzucker unterrühren, bis eine streichfähige Masse entsteht. Falls die Masse krümelig geworden ist, teelöffelweise so viel heiße Vollmilch darunterrühren, bis sie wieder cremig ist. In einen Spritzbeutel mit einer Nelken-Blütentülle (streifenförmig glatt) füllen. Bis zur weiteren Verwendung kühl stellen.

Die Marzipanrohmasse mit roter Lebensmittelfarbe einfärben und zu 24 kleinen Kügelchen rollen. Diese Kugeln ergeben die Augen. Auf jede Kugel mit weißer Lebensmittelfarbe einen kleinen Tupfen als Pupille setzen. Den Rollfondant portionsweise auf Puderzucker ausrollen, dann den weißen Film mit einem gröberen Pinsel sorgfältig abwischen. Ca. 15 cm lange und 5 cm hohe Streifen schneiden. Aus den Resten Teigkreise von ca. 4 cm Durchmesser ausstechen.

Zur Fertigstellung auf jeden Muffin einen Fondant-Kreis legen. Dann die Muffins auf der Oberseite mit dem Frosting verzieren. Dafür an 3 Seiten jeweils etwas überlappend 3–4 Streifen ziehen. Auf der Oberseite bleibt dadurch 1 freies Dreieck. Das restliche Frosting auf die Seiten der Muffins verteilen, damit der Fondant gut haftet. Im nächsten Schritt die Fondantstreifen um die Muffins wickeln und leicht andrücken. Nun die Marzipankügelchen wie abgebildet auf den Muffins platzieren.

Schaumgeister

Für ca. 25 Stück

4 Eiweiß
Salz
250 g Puderzucker
1 El Speisestärke

Außerdem
schwarz-weiße Lakritz-Fruchtgummis zum Verzieren
Puderzucker zum Befestigen

Zubereitungszeit ca. 30 Minuten (plus ca. 2 Stunden Backzeit und ca. 30 Minuten Zeit zum Abkühlen)

Das Eiweiß mit 1 Prise Salz steif schlagen. Den Puderzucker mit Speisestärke mischen. Diese Mischung nach und nach unterrühren. So lange weiterquirlen, bis die Masse wieder sehr steif ist. Achtung, das kann bis zu 20 Minuten dauern. Portionsweise in einen Gefrierbeutel füllen.

Ein Backblech mit Backpapier auslegen. Eine Ecke des Gefrierbeutels abschneiden und ca. 25 kleine Geister spritzen.

Den Backofen auf 100 °C vorheizen. Auf der zweiten Schiene von unten ca. 2 Stunden mehr trocknen als backen. Damit die Feuchtigkeit gut entweichen kann, einen Kochlöffelstiel zwischen Ofen und Backofentür klemmen. Anschließend herausnehmen und abkühlen lassen.

Die Lakritz-Fruchtgummis mit einem scharfen Messer in dünne Scheiben schneiden. Etwas Puderzucker mit ganz wenig Wasser verrühren und damit den Monstern Augen und Münder kleben.

Spinnen-Sachertorte

Für 1 Springform (26 cm Ø)

250 g Zartbitterschokolade
40 g Butter
6 Eier
Salz
160 g Zucker
1 P. Vanillezucker
100 g Mehl
1 Tl Backpulver
200 g Johannisbeergelee
150 ml Cassis

Außerdem

Butter für die Form
250 g weiße Kuvertüre
rote Zuckerschrift
Puderzucker zum Befestigen
1–2 Lakritzschnecken
5 Lakritzdrops

Zubereitungszeit ca. 60 Minuten (plus ca. 50 Minuten Backzeit und ca. 1 Stunde Zeit zum Auskühlen)

Den Backofen auf 180 °C vorheizen. Eine Springform mit Butter ausstreichen. Die Schokolade in Stücke brechen und mit der Butter im heißen Wasserbad zerlassen. Dann vom Herd nehmen.

Die Eier trennen. Eiweiß mit 1 Prise Salz steif schlagen und bis zur weiteren Verwendung kühl stellen. Eigelb mit Zucker und Vanillezucker schaumig schlagen. Die gerade noch flüssige Schokolade langsam darunterrühren. Das Mehl mit Backpulver mischen und darübersieben. Unterrühren und den Eischnee in 3 Schritten ebenfalls unterheben. In die Springform füllen, glatt streichen und auf der mittleren Schiene ca. 50 Minuten backen. Auf einem Kuchengitter vollständig auskühlen lassen.

Anschließend die Torte waagerecht halbieren. Das Johannisbeergelee erhitzen, bis es flüssig ist. Auf den unteren Boden streichen, den oberen Boden auflegen. Mit einem Zahnstocher die Oberfläche einpieksen und mit Cassis tränken. Die weiße Kuvertüre im Wasserbad schmelzen lassen und den Kuchen dick damit einstreichen. Trocknen lassen.

Mit der Lebensmittelfarbe ein Spinnennetz auf die Torte malen.

Etwas Puderzucker mit wenig Wasser dickflüssig anrühren. Die Lakritzschnecke entrollen und die beiden Schnüre voneinander trennen. Die Schnüre in insgesamt 15 gleich lange Stücke teilen. Jeweils 3–4 mit etwas Zuckerguss unter einem Lakritzdrop befestigen und auf die Torte setzen. Nach Belieben den Spinnen mit roter Zuckerschrift noch Augen malen.

Würstchenkrake

Für 1 Krakenteller

1 langes Wiener Würstchen

Außerdem
1 Portion Pommes frites
Ketchup und Mayonnaise zum Verzieren
Frittieröl

Zubereitungszeit ca. 5 Minuten (plus ca. 5 Minuten Frittierzeit)

Das Würstchen von beiden Seiten bis ca. 1 cm vor der Mitte x-förmig einschneiden. Sobald ein Ende eingeschnitten ist, das andere versetzt einschneiden (d.h. das Würsten soll nicht längs – bis auf die Mitte – geviertelt werden).

Die Würstchenkrake im heißen Öl goldbraun frittieren und auf einen Teller Pommes setzen. Mit Ketchup und Mayonnaise verzieren.

Spinnencracker

Für 10 Spinnencracker

7 El Frischkäse
20 runde Cracker
30 Salzstangen
7 grüne, mit Paprika gefüllte Oliven

Zubereitungszeit
ca. 10 Minuten

Den Frischkäse bis auf 1 El auf 10 Cracker verteilen. Die Salzstangen halbieren und jeden Cracker mit 3 Beinen pro Seite versehen. Dafür die Salzstangen auf den Frischkäse legen. Nun die restlichen Cracker darauflegen und leicht festdrücken.

Die Oliven in 20 Scheiben schneiden. Für die Augen auf jeden Cracker 2 Scheiben Oliven mit etwas Frischkäse kleben. Wer möchte, kann den Spinnen mit Frischkäse noch einen Mund malen.

Alternativ kann der Cracker natürlich auch mit anderen streichfähigen Zutaten gefüllt werden.

Wurstfinger mit Kartoffelsalat

Für 4 Portionen

1 kg festkochende Kartoffeln • Salz • 2 Zwiebeln • 1 Bund Schnittlauch • 500 ml Rinderbrühe • ca. 3 El Essig • ca. 4 El Sonnenblumenöl • Zucker • 1 El scharfer Senf • Pfeffer • 20 kleinere Wiener Würstchen • 20 Mandeln • Mayonnaise zum Befestigen • Ketchup zum Garnieren

Zubereitungszeit ca. 30 Minuten
(plus ca. 30 Minuten Kochzeit und ca. 30 Minuten Zeit zum Ziehen)

Die Kartoffeln mit Schale in Salzwasser ca. 30 Minuten gar kochen. Abgießen, ausdämpfen lassen und noch warm pellen. Die Zwiebeln schälen und fein würfeln. Den Schnittlauch waschen, trocken tupfen und in Röllchen schneiden.

Die Kartoffeln in möglichst dünne Scheiben schneiden. Zwiebeln und Schnittlauch dazugeben. Die lauwarme Brühe dazugießen. Aus Essig, Öl, 1 Prise Zucker, Senf, Salz und Pfeffer eine Marinade herstellen und über die Kartoffeln geben. Vorsichtig umrühren und für mindestens 30 Minuten ziehen lassen.

Die Würstchen in heißem Wasser erhitzen. Von den Würstchen vorne ein „Nagelbett" herausschneiden. Jedes Nagelbett mit einem Tupfen Mayonnaise versehen und die Mandeln hineinstechen. Etwas Ketchup in ein mittelgroßes Einmachglas geben und die Würstchen hineinstellen. Den Kartoffelsalat dazu servieren.

BAISER-GEBEINE

Für ca. 18 Knochen

4 Eiweiß • Salz • 250 g Puderzucker • 2 El Speisestärke

Außerdem

Johannisbeersirup zum Verzieren

Zubereitungszeit ca. 30 Minuten
(plus ca. 2 Stunden Backzeit)

Das Eiweiß mit 1 Prise Salz steif schlagen. Den Puderzucker mit Speisestärke mischen und nach und nach unter das Eiweiß rühren. So lange weiterrühren, bis die Masse wieder sehr steif ist. (Achtung, das kann bis zu 20 Minuten dauern.) Portionsweise in einen Gefrierbeutel füllen.

Ein Backblech mit Backpapier auslegen. Eine Ecke des Gefrierbeutels abschneiden und ca. 15 cm lange Knochen spritzen. Ganz leicht gelingt dies, wenn man erst die geraden Knochenabschnitte spritzt und dann oben und unten jeweils die Verdickung.

Den Backofen auf 100 °C vorheizen. Auf der zweiten Schiene von unten ca. 2 Stunden mehr trocknen als backen. Damit die Feuchtigkeit gut entweichen kann, einen Kochlöffelstiel zwischen Ofen und Backofentür klemmen. Herausnehmen und abkühlen lassen. Dann die Knochen anrichten und mit (Bluts-)Tropfen von Johannisbeersirup verzieren. (Den Sirup gegebenenfalls mit etwas Speisestärke andicken.)

Kürbisknochen auf Salat

Den Backofen auf 200 °C vorheizen. Ein Backblech mit Backpapier auslegen. Den Butternutkürbis schälen und in ca. 1 cm dicke Scheiben schneiden. Im unteren Teil die Kerne entfernen. Aus dem Kürbisfleisch mit einem Ausstechförmchen Knochenformen herauslösen. (Wer keine Knochen-Ausstechform besitzt, kann die Knochen auch leicht mit einem scharfen Messer ausschneiden.) Auf das Backblech legen, die Gemüsebrühe darübergießen, dann die Knochen mit dem Olivenöl bepinseln.

Die Knoblauchzehe schälen und in feine Stifte schneiden. Über den Kürbisknochen verteilen. Salzen, pfeffern und mit etwas Rosmarin bestreuen. Die Knochen auf der mittleren Schiene ca. 20 Minuten bissfest garen. Den Gargrad immer wieder überprüfen, denn die Knochen sollten nicht zerfallen.

Währenddessen den Salat putzen, waschen und trocken schleudern. Den Feta zerkrümeln. Für das Dressing alle Zutaten miteinander verrühren. Das Dressing mit dem Salat mischen und diesen auf Teller verteilen. Den Feta darüberstreuen und die Knochen darauf arrangieren.

Für 4 Portionen

600 g Kürbis (am besten Butternut)
100 ml Gemüsebrühe
1–2 El Olivenöl
1 Knoblauchzehe
Salz
Pfeffer
1 Tl getrockneter Rosmarin
500 g gemischter grüner Salat
150 g Feta

Für das Dressing

1 El Senf
5 El Orangensaft
1 El Weißweinessig
1 El Zitronensaft
1 El Honig
1 El Agavendicksaft
6 El Olivenöl
Salz
Pfeffer

Zubereitungszeit ca. 30 Minuten

Totenkopf Cake-Pop

Für ca. 18 Stück

Für den Teig
1 Vanilleschote • 100 g weiche Butter • Salz • 80 g Zucker • 2 P. Vanillezucker • 1 Ei • 150 g Mehl • 1 Tl Backpulver • 60 g gemahlene Mandeln • 80 ml Milch

Außerdem
150 g Frischkäse zum Untermischen • Butter zum Einfetten • Mehl zum Ausstäuben

Für die Glasur
350 g weiße Schmelzdrops • Kakaobutter in schwarz

Außerdem
18 Lollipop-Sticks • feiner Pinsel

Zubereitungszeit ca. 60 Minuten (plus ca. 30 Minuten Backzeit, 30 Minuten Zeit zum Auskühlen und 20 Minuten Trockenzeit)

Den Backofen auf 180 °C vorheizen. Eine Kastenform (20 cm lang) mit Butter einfetten und mit Mehl ausstäuben. Die Vanilleschote aufschneiden und das Mark herauskratzen. Die weiche Butter mit 1 Prise Salz, dem Zucker, dem Vanillezucker und dem Vanilleschotenmark in eine Schüssel geben und mit dem Handrührgerät schaumig rühren. Das Ei unterrühren.

Mehl mit Backpulver und Mandeln mischen und mit der Milch dazugeben. Alles glatt rühren und den Teig in die Kastenform füllen. Glatt streichen und auf der mittleren Schiene ca. 30 Minuten backen. Herausnehmen, auf ein Kuchengitter stürzen und völlig auskühlen lassen.

Den Kuchen mit den Fingern zerkrümeln, den Frischkäse dazugeben und alles mit den Händen zu ca. 18 Kugeln rollen. Diese dann wie eine Birne formen und leicht flach drücken. Am breiten Ende der Birne mit dem Kochlöffelstiel 2 kleine Dellen drücken, das sind später die Augenhöhlen. Die Totenköpfe auf eine Platte legen und kühl stellen.

Für die Glasur die Schmelzdrops in eine Metallschüssel geben und im Wasserbad langsam schmelzen lassen. Die Lollipop-Sticks ca. 2 cm tief in die Dropsmasse tauchen und dann ebenso tief von unten in den Totenkopf stecken. 30 Minuten kühl stellen.

Die Cake-Pops kopfüber portionsweise kurz in die Schmelzdrops tauchen, in ein hohes Glas stellen, abtropfen und aushärten lassen.

Die schwarze Kakaobutter zerlassen. Anschließend die Totenköpfe mit einem feinen Pinsel verzieren.

Blutige Augen

Den Puderzucker mit Zitronensaft und 1–2 Tl Wasser glatt rühren. Die vollständig erkalteten Muffins nach Bedarf mit einem Messer auf der Oberfläche begradigen. Auf ein Kuchengitter setzen. Dann die Oberfläche dick mit dem Puderzucker-Guss überziehen. Antrocknen lassen.

Mit der Lebensmittelfarbe von innen nach außen mehrere verzweigte „Adern" ziehen. Die Belegkirschen als Pupille mittig auf den Muffins platzieren. Leicht andrücken und alles trocknen lassen.

Für 12 Muffins

12 Muffins (FP oder Rezept s. S. 55)
180 g Puderzucker
1 El Zitronensaft
rote Lebensmittelfarbe
12 Belegkirschen

Zubereitungszeit
ca. 15 Minuten

Für 12 Muffins

12 Muffins (FP oder Rezept s. S. 55)
180 g Puderzucker
1 El Zitronensaft
schwarze oder braune Lebensmittelfarbe
1 Lakritzschnecke
12 Lakritztaler

Zubereitungszeit
ca. 15 Minuten

Spinnennetz-Muffins

Den Puderzucker mit Zitronensaft und 1–2 Tl Wasser glatt rühren. Die vollständig erkalteten Muffins nach Bedarf mit einem Messer auf der Oberfläche begradigen. Auf ein Kuchengitter setzen. Dann die Oberfläche dick mit dem Puderzucker-Guss überziehen. Antrocknen lassen.

Mit der Lebensmittelfarbe ein Spinnennetz auf die Muffins malen.

Die Lakritzschnecke entrollen und die beiden Schnüre voneinander trennen. Für jeden Muffin nun 3–4 Schnüre von ca. 5 cm Länge abschneiden. Auf den Muffin legen und leicht festdrücken. Nun mittig auf die Schnüre je einen Lakritztaler als Spinnenkörper aufsetzen. Eventuell mit etwas Puderzucker-Guss fixieren.

Weihnachten

und

Ostern

Hexenhaus aus Butterkeksen

Für 1 Hexenhäuschen

100 g Puderzucker
1 El Zitronensaft
3 Butterkekse
1 Dominostein
2 Gummibärchen
1 Lakritzschlange
Zuckerperlen nach Belieben

Zubereitungszeit ca. 10 Minuten

Den Puderzucker sieben und mit Zitronensaft zu einer sehr dickflüssigen Creme glatt rühren. Ist der Zuckerguss zu flüssig, hält die Konstruktion nicht.

Einen Klecks Zuckerguss mittig auf einen Butterkeks geben und den Dominostein damit ankleben. Die längeren Seitenteile der anderen beiden Butterkekse ebenfalls mit Zuckerguss bepinseln und die Kekse wie abgebildet als Dach auf den unteren Butterkeks kleben.

Auf die Dachspitze weiteren Zuckerguss geben, sodass es so aussieht, als wäre das Häuschen verschneit. Nun im „Eingangsbereich" 2 Gummibärchen als Bewohner mit Zuckerguss ankleben.

Von der Lakritzschlange ein ca. 1 cm langes Stück abschneiden und dieses als Kamin auf das Hexenhäuschen kleben. Nun alles vollständig trocknen lassen und nach Bedarf noch weiter verzieren.

Dicke Nikoläuse

Für den Teig alle Zutaten auf Zimmertemperatur erwärmen. Die Milch in einem Topf erhitzen, bis sie lauwarm ist, dann vom Herd nehmen. Die Hefe hineinbröckeln, 1 El Mehl und 1 El Zucker unterrühren. Abdecken und diesen Vorteig ca. 20 Minuten gehen lassen.

Den Vorteig mit dem restlichen Mehl, dem restlichen Zucker, der Butter, den Eiern und 1 Prise Salz verkneten, zur Kugel rollen und abgedeckt an einem warmen Ort weitere 60 Minuten gehen lassen, bis der Teig sein Volumen verdoppelt hat.

Den Backofen auf 200 °C vorheizen, die Mulden eines Muffinblechs mit Butter einfetten. Den Teig auf einer bemehlten Arbeitsfläche kräftig durchkneten und in 10 Stücke teilen. Daraus dann 10 große und 10 kleine Kugeln rollen. Die großen Kugeln in das Muffinblech setzen. Mit einem Finger oder mit dem Kochlöffelstiel eine Vertiefung in die Mitte drücken. Das Eigelb mit der Milch verquirlen und die Mulden damit bepinseln. Die kleinen Kugeln daraufsetzen und leicht andrücken. Mit dem restlichen Eigelb bepinseln. Alles mit einem Küchentuch abdecken, weitere 10 Minuten gehen lassen.

Auf der mittleren Schiene 15–20 Minuten backen. Aprikosenkonfitüre erhitzen bis sie flüssig wird, dann vom Herd nehmen. Die Brioches herausnehmen und aus dem Muffinblech stürzen. Sofort mit der flüssigen Aprikosenkonfitüre überziehen. Die unteren Hälften in ein Kokosraspel-Bad tauchen, sodass es so aussieht, als würden die Nikoläuse im Schnee stehen. Alles vollständig auskühlen lassen.

Das Marzipan mit etwas roter Lebensmittelfarbe und 50 g Puderzucker verkneten. Ausrollen und 10 Kreise ausstechen, dabei einen kleinen Rest Marzipan zurückbehalten. Aus diesem 20 kleine Kügelchen rollen. Die Kreise auf den Köpfen der Nikoläuse platzieren und 10 Kügelchen als Bommel draufdrücken. Den restlichen Puderzucker mit dem Eiweiß verrühren und die Creme in eine Spritztülle füllen. Jedem Nikolaus einen Rauschebart aufspritzen und die Zipfelmützen verzieren. Mit 2 Tupfen jeweils die Augen markieren. 2 Zuckerperlen als Augen in die noch feuchten Tupfen kleben und jeweils 1 kleine Marzipankugel als Nase über den Rauschebart kleben. Alles aushärten lassen.

Für ca. 10 Nikoläuse

Für den Teig
100 ml Milch • 1/2 Würfel Hefe (20 g) • 250 g Weizenmehl (Type 550) • 50 g Zucker • 100 g Butter • 2 Eier • Salz

Außerdem
1 Eigelb und 1 El Milch zum Bestreichen • 3 El Aprikosenkonfitüre • 100 g Kokosraspel • 100 g Marzipanrohmasse • rote Lebensmittelfarbe • 150 g Puderzucker • 1 Eiweiß • Zuckerperlen zum Verzieren • Mehl für die Arbeitsfläche • Butter für das Blech

Zubereitungszeit ca. 40 Minuten (plus ca. 1 Stunde 30 Minuten Zeit zum Gehen, ca. 20 Minuten Backzeit und ca. 30 Minuten Zeit zum Auskühlen)

Schneemänner am Stiel

Das Eiweiß steif schlagen und mit dem gesiebten Puderzucker mischen. Pro Schneemann auf die Unterseite von 2 Pfeffernüssen etwas Zuckerguss streichen und einen Holzspatel aufkleben. Darauf wieder etwas Zuckerguss geben und 2 Pfeffernüsse aufkleben, sodass 2 Doppeldecker entstehen. Alles leicht festdrücken.

Jeweils untereinander 3 Smarties mit Zuckerguss auf den unteren Pfefferkuchen kleben. Außerdem mit den Smarties Augen und Nasen auf die oberen Pfeffernüsse kleben. 1 Lakritzschnecke entrollen und 8 kleine Stücke abschneiden. Diese unterhalb der Nasen als Münder ankleben. Oben auf den Kopf mit Zuckerguss die restlichen Lakritzschnecken kleben und darauf mit dem restlichen Zuckerguss die Dominosteine anbringen. Alles vollständig trocknen lassen.

Für 8 Schneemänner

1 Eiweiß
100 g Puderzucker
32 weiße Pfeffernüsse
48 kleine Smarties
9 Lakritzschnecken
8 Dominosteine

Außerdem
8 Holzspatel aus der Apotheke

Zubereitungszeit ca. 15 Minuten
(plus ca. 30 Minuten Trockenzeit)

Für ca. 30 Stück

500 g Puderzucker
2 Eiweiß
Salz
Zuckerperlen zum Verzieren
Satinband

Zubereitungszeit ca. 30 Minuten
(plus ca. 1 Tag Zeit zum Trocknen)

Baiser-Weihnachtsdeko

Den Puderzucker in eine Schüssel sieben. Eiweiß mit 1 Prise Salz in einer zweiten Schüssel steif schlagen. Mit dem Schneebesen des Handrührgeräts erst langsam, dann schneller den Puderzucker unter die Eiweißmischung rühren.

Die Masse in einen Spritzbeutel mit Lochtülle füllen und auf Backpapier verschiedene weihnachtliche Motive (z.B. Herzen, Sterne, Tannenbäume oder Stiefel) spritzen. Mit Zuckerperlen verzieren und anschließend bei Zimmertemperatur 1 Tag lang trocknen lassen. An Satinbänder knüpfen und aufhängen.

Plätzchenwald

Für 1 Plätzchenwald

Für den Teig
300 g Mehl
200 g Butter
80 g Zucker
2 P. Vanillezucker
1 Prise Salz
1 Ei
1 gestrichener Tl Backpulver

Außerdem
250 g Puderzucker
2 El Zitronensaft
einige Tropfen grüne Lebensmittelfarbe
60 g gemahlene Pistazien
60 g Kokosraspel
200 g getrocknete Aprikosen
Mehl zum Ausrollen
Holzspieße

Zubereitungszeit ca. 1 Stunde (plus 1 Stunde Ruhezeit, 30 Minuten Zeit zum Auskühlen und 1 Stunde Zeit zum Trocknen)

Für den Teig alle Zutaten miteinander verkneten. Zu einer Kugel rollen und in Folie gewickelt 1 Stunde im Kühlschrank ruhen lassen.

Den Backofen auf 180 °C vorheizen. 2 Backbleche mit Backpapier auslegen. Den Teig auf einer bemehlten Arbeitsfläche ca. 4 mm dick ausrollen und Sterne in unterschiedlichen Größen ausstechen. Jeweils in der Mitte ein kleines Loch ausstechen. Die Plätzchen auf das Backpapier verteilen und auf der mittleren Einschubleiste ca. 7 Minuten backen. Die Plätzchen herausnehmen und vollständig auskühlen lassen.

Den Puderzucker mit Zitronensaft und grüner Lebensmittelfarbe nach Belieben glatt rühren und die Plätzchen damit bepinseln. Anschließend mit gemahlenen Pistazien bestreuen und die Spitzen mit Kokosraspeln verzieren. Alles vollständig trocknen und aushärten lassen. Zum Schluss der Größe nach abwechselnd mit halbierten oder geviertelten getrockneten Aprikosen auf Holzspieße stecken. (Die Aprikosen sollten von oben nicht zu sehen sein, sie dienen vielmehr dazu, zwischen den einzelnen Tannenzweigen Raum zu schaffen.)

Blockhütte

Für 1 Blockhaus

190 g Kokosfett • 2 Eier • 140 g Zucker • 1 P. Vanillezucker • 50 g Kakaopulver • 240 g Butterkekse • 2 kleine runde Kekse • 100 g Puderzucker • 1 El Zitronensaft

Zubereitungszeit ca. 40 Minuten (plus ca. 5 Stunden Zeit zum Trocknen)

Eine Kastenform (20 cm Länge) mit Backpapier auslegen. Das Kokosfett in Stücke schneiden und in einem Topf schmelzen, dann vom Herd nehmen. Die Eier mit dem Zucker und Vanillezucker schaumig schlagen. Das Kakaopulver dazusieben und schließlich das gerade noch flüssige Kokosfett darunterrühren. 40 g Butterkekse und 5 El Schokomasse beiseitelegen.

Eine Schicht Schokoladenmasse in die Form geben und diese mit Butterkeksen bedecken. Abwechselnd so verfahren, bis alles aufgebraucht ist. Mit Frischhaltefolie abdecken und für ca. 3 Stunden kalt stellen.

Den kalten Hund aus der Form stürzen, das Backpapier entfernen und die Seiten mit einem scharfen Messer begradigen. Aus den abgeschnittenen Seiten ein Stück als Tür beiseitelegen. Die restlichen Abschnitte mittig oben auf den Quader platzieren.

Die beiseitegestellte Schokomasse im Wasserbad schmelzen lassen. Die zurückbehaltenen Butterkekse mit etwas Schokomasse von unten bepinseln und auf diese Weise schräg als Dach auf die Abschnitte kleben.

Die runden Kekse halbieren und als Fenster an die Hütte kleben. Die beiseitegestellte Tür an die Blockhütte kleben. Den Puderzucker mit Zitronensaft verrühren, in einen Spritzbeutel füllen und damit das Hüttendach mit Schnee verzieren. Alles trocknen lassen.

Rodelndes Schneemännchen

Für 4 Männchen

3 Eier
1 Dose Thunfisch (im eigenen Saft)
200 g Kräuterfrischkäse
2 Frühlingszwiebeln
2 Gewürzgurken
1 Bund Schnittlauch
1/2 Bund glatte Petersilie
Salz
Pfeffer
1 El Zitronensaft
4 Scheiben Vollkornbrot
1 El Butter
4 Salatblätter

Zum Garnieren
8 schwarze Pfefferkörner
1 Möhrenscheibe
1 rote Paprikaschote
4 Radieschen
Mayonnaise
Zahnstocher

Zubereitungszeit ca. 20 Minuten

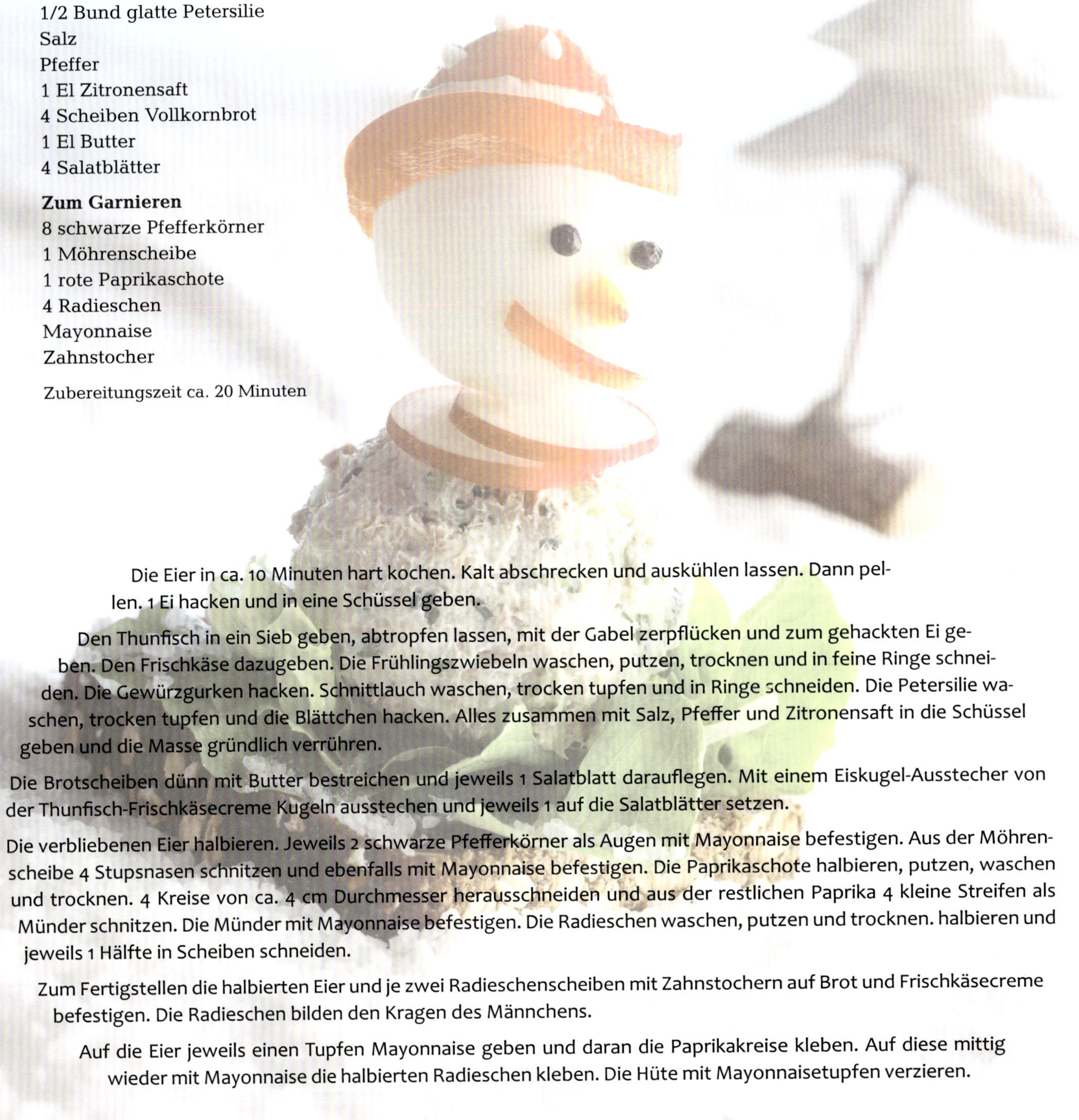

Die Eier in ca. 10 Minuten hart kochen. Kalt abschrecken und auskühlen lassen. Dann pellen. 1 Ei hacken und in eine Schüssel geben.

Den Thunfisch in ein Sieb geben, abtropfen lassen, mit der Gabel zerpflücken und zum gehackten Ei geben. Den Frischkäse dazugeben. Die Frühlingszwiebeln waschen, putzen, trocknen und in feine Ringe schneiden. Die Gewürzgurken hacken. Schnittlauch waschen, trocken tupfen und in Ringe schneiden. Die Petersilie waschen, trocken tupfen und die Blättchen hacken. Alles zusammen mit Salz, Pfeffer und Zitronensaft in die Schüssel geben und die Masse gründlich verrühren.

Die Brotscheiben dünn mit Butter bestreichen und jeweils 1 Salatblatt darauflegen. Mit einem Eiskugel-Ausstecher von der Thunfisch-Frischkäsecreme Kugeln ausstechen und jeweils 1 auf die Salatblätter setzen.

Die verbliebenen Eier halbieren. Jeweils 2 schwarze Pfefferkörner als Augen mit Mayonnaise befestigen. Aus der Möhrenscheibe 4 Stupsnasen schnitzen und ebenfalls mit Mayonnaise befestigen. Die Paprikaschote halbieren, putzen, waschen und trocknen. 4 Kreise von ca. 4 cm Durchmesser herausschneiden und aus der restlichen Paprika 4 kleine Streifen als Münder schnitzen. Die Münder mit Mayonnaise befestigen. Die Radieschen waschen, putzen und trocknen. halbieren und jeweils 1 Hälfte in Scheiben schneiden.

Zum Fertigstellen die halbierten Eier und je zwei Radieschenscheiben mit Zahnstochern auf Brot und Frischkäsecreme befestigen. Die Radieschen bilden den Kragen des Männchens.

Auf die Eier jeweils einen Tupfen Mayonnaise geben und daran die Paprikakreise kleben. Auf diese mittig wieder mit Mayonnaise die halbierten Radieschen kleben. Die Hüte mit Mayonnaisetupfen verzieren.

Osterhasen aus dem Tontopf

Für ca. 6 Häschen

150 g Magerquark
6 El Milch
6 El Öl
70 g Zucker
2 P. Vanillezucker
Salz
300 g Mehl
1 P. Backpulver
100 g Vollmilchschokolade

Außerdem

1 Eigelb und 1 El Milch zum Bestreichen
Rosinen und Mandelstifte zum Verzieren
6 kleine Tontöpfe
Mehl für die Arbeitsfläche

Zubereitungszeit ca. 40 Minuten (plus ca. 25 Minuten Backzeit, ca. 30 Minuten Zeit zum Auskühlen und ca. 30 Minuten Zeit zum Aushärten)

Quark in ein Sieb geben und abtropfen lassen. Tontöpfe ca. 30 Minuten in kaltes Wasser stellen. Aus Backpapier 6 Kreise (à 14 cm ø) zuschneiden, von 1 Seite hin zur Kreismitte einschneiden. Die Tontöpfe aus dem Wasserbad nehmen, trocknen und mit dem Backpapier auslegen.

Den Backofen auf 200 °C vorheizen. Den Quark in eine Schüssel geben. Mit Milch, Öl, Zucker, Vanillezucker und 1 Prise Salz verrühren. Mehl mit Backpulver mischen und dazusieben. Alles miteinander zu einem geschmeidigen Teig verkneten. Falls er klebt, etwas Mehl dazugeben. 1/3 Teig für die Köpfe und Ohren beiseitelegen. Den restlichen Teig in 6 gleich große Stücke teilen. Die Hälfte der Schokolade hacken. In die Mitte von jedem Teigstück etwas gehackte Schokolade drücken, dann die Teigkugeln in die Tontöpfe legen. Das Eigelb mit Milch verrühren und mit einem Teil davon die Teigkugeln bepinseln. Auf der mittleren Schiene ca. 14 Minuten backen. Herausnehmen und abkühlen lassen.

Für die Köpfe aus dem restlichen Teig 6 tropfenförmige Kugeln rollen. Die dünne Spitze mit einem scharfen Messer einschneiden – das ergibt später die Ohren. Mit den Rosinen Augen und Nasenspitze markieren, jeweils 3 Mandelsplitter rechts und links der Nasenspitze in den Hasenkopf drücken – das ergibt später den Bart. Die Köpfe auf ein mit Backpapier belegtes Backblech setzten. Mit dem restlichen verquirlten Eigelb bepinseln und auf der mittleren Schiene ca. 10 Minuten backen. Herausnehmen und abkühlen lassen.

Die restliche Schokolade im Wasserbad schmelzen. Auf die Unterseite der Hasenköpfe streichen und diese sofort auf die Körper drücken. Erstarren lassen und noch am gleichen Tag verzehren.

Für 4 Hasen

50 g Zartbitterschokolade • 200 g Puderzucker • 2 El Zitronensaft • 4 Amerikaner • 8 Biskuit-Katzenzungen • 8 Mandeln ohne Haut • 8 Mandelstifte

Zubereitungszeit ca. 15 Minuten (plus ca. 30 Minuten Zeit zum Trocknen)

Schnelle Hasen

Die Schokolade hacken und im Wasserbad schmelzen. Den Puderzucker mit dem Zitronensaft und etwas Wasser zu einer dicken, weißen Creme rühren. Die Amerikaner auf der glatten Seite mit Zuckerguss bepinseln. Die Biskuitzungen ebenfalls mit Zuckerguss verzieren.

In den noch feuchten Guss jeweils 2 Mandeln als Augen drücken. Mit der Schokolade die Pupillen daraufpinseln. Jeweils 2 Katzenzungen als Ohren schräg oberhalb der Augen in die Amerikaner stecken. Alles vollständig trocknen lassen.

Die weißen Hasen mit der geschmolzenen Schokolade verzieren und eine Nasenspitze, einen Mund und Schnurrbarthaare aufzeichnen. Auf den Mund jeweils 2 Mandelsplitter als Zähne kleben.

Wer möchte, kann die Amerikaner auch mit Zartbitterschokolade überzeihen und die Hasen mit Puderzucker-Guss verzieren.

Ostereier

Den Sandkuchen zerkrümeln und mit Frischkäse und Puderzucker zu ca. 20 Eiern rollen. Die Eier für ca. 15 Minuten ins Tiefkühlfach stellen. Sie sollen durchgehärtet sein, aber nicht gefroren.

Nun nach und nach die verschiedenen Schmelzdrops zerlassen. Dafür jeweils 1 Farbe im Wasserbad schmelzen. 5 Stiele ca. 2 cm hineintauchen und ebenso tief in 5 Eier stecken. Kurz trocknen lassen, dann die 5 Cake-Pops in die Farbe tauchen. In ein hohes Glas stellen und mit Zuckerperlen verzieren. Mit den restlichen Cake-Pops und Farben ebenso verfahren. Falls die Schmelzdrops zähflüssig werden sollten, mit etwas geschmolzenem Kokosfett verdünnen.

Wenn die Cake-Pops vollständig ausgehärtet sind, können sie mit Zuckerschrift nach Belieben bemalt werden.

Für ca. 20 Stück

500 g Sandkuchen (FP)
150 g Frischkäse
100 g Puderzucker

Für die Hülle

100 g Schmelzdrops in Hellgrün
100 g Schmelzdrops in Hellblau
100 g Schmelzdrops in Gelb
100 g Schmelzdrops in Rot

Außerdem

bunte Zuckerperlen
Zuckerschrift zum Bemalen
20 Lollipop-Sticks
Kokosfett zum Verdünnen

Zubereitungszeit ca. 30 Minuten (plus ca. 15 Minuten Tiefkühlzeit und 20 Minuten Trockenzeit)

Schäfchen-Herde

Alle Zutaten für den Teig zügig zu einem glatten Teig verkneten. In Folie wickeln und für ca. 1 Stunde im Kühlschrank ruhen lassen. Den Backofen auf 180 °C vorheizen, 2 Backbleche mit Backpapier belegen.

Den Teig auf einer bemehlten Arbeitsfläche ca. 4 mm dick ausrollen. 14 Kreise zwischen 7 und 9 cm Durchmesser ausstechen. Den restlichen Teig erneut ausrollen und ebenso viele kleine Kreise von ungefähr 3 cm Durchmesser ausstechen. Die großen Kreise auf das Backblech legen. Die kleinen Kreise von einer Seite mit verquirltem Eiweiß bepinseln und diese an den oberen Rand der großen Kreise kleben. Die Mandelblättchen ebenfalls von 1 Seite mit Eiweiß bepinseln und als Ohren rechts und links auf den kleinen Kreis kleben. Zum Schluss die Mandeln mit Haut längs halbieren und unten als Beine halb in den Teig drücken und halb herausstehen lassen. Auf der mittleren Schiene ca. 13 Minuten backen. Herausnehmen und vollständig abkühlen lassen.

Zum Verzieren die Kuvertüre hacken, im Wasserbad schmelzen und 3–4 Schafe damit komplett, bis auf die Beine, bepinseln. Die Körper dieser Schafe mit Schokoraspeln bestreuen, Schokoraspeln auch auf die Ohren kleben. Trocknen lassen.

Den Puderzucker mit Zitronensaft verrühren und die restlichen Schafe, bis auf die Beine, damit bepinseln. Die Körper dieser Schafe und die Ohren mit Kokosraspeln bestreuen. Trocknen lassen. Den dunklen Schafen mit weißer Zuckerfarbe Augen und Münder malen, die hellen Schafe mit dunkler Zuckerfarbe verzieren. Alles trocknen lassen.

Für ca. 14 Schäfchen

Für den Teig
250 g Mehl
1 gestrichener Tl Backpulver
80 g Zucker
1 P. Vanillezucker
1 Tl abgeriebene Schale von 1 unbehandelten Zitrone
1 Prise Salz
2 Eigelbe
150 g Butter

Außerdem
1 Eiweiß
ca. 28 Mandelblättchen
ca. 14 Mandeln mit Haut
50 g Zartbitterkuvertüre
30 g Schokoraspel
150 g Puderzucker
1 El Zitronensaft
50 g Kokosraspel
weiße und braune Zuckerschrift aus der Tube
Mehl für die Arbeitsfläche

Zubereitungszeit ca. 50 Minuten (plus ca. 1 Stunde Kühlzeit, ca. 13 Minuten Backzeit, 30 Minuten Zeit zum Auskühlen und ca. 40 Minuten Trockenzeit)

Einfach FUNtastisch

Für 1 Kuchen

1 Vanilleschote
70 g dunkle Kuvertüre
260 g Butter
150 g Zucker
2 Eier
400 g Mehl
1 Tl Backpulver

Außerdem
Mehl für die Arbeitsfläche
Schokoladenschachfiguren

Zubereitungszeit ca. 30 Minuten
(plus ca. 30 Minuten Kühlzeit,
ca. 20 Minuten Backzeit und
ca. 30 Minuten Zeit zum Auskühlen)

Schachbrettkuchen

Die Vanilleschote aufschneiden und das Mark herauskratzen. Die Kuvertüre hacken, im Wasserbad schmelzen, dann vom Herd nehmen.

Das Vanilleschotenmark zusammen mit der zimmerwarmen Butter und dem Zucker schaumig rühren. Die Eier nacheinander dazugeben und alles schaumig verquirlen. Das Mehl mit dem Backpulver mischen und dazusieben. Alles zu einem glatten Teig verkneten. Den Teig halbieren. In eine Hälfte die gerade noch flüssige Kuvertüre kneten. Beide Teigsorten zu Kugeln rollen, in Folie wickeln und für ca. 30 Minuten kühl stellen.

Den Backofen auf 200 °C vorheizen. Ein Backblech mit Backpapier auslegen. Auf einer bemehlten Arbeitsfläche erst den hellen Teig ca. 5 mm dick ausrollen. Mit einem Lineal und einem scharfen Messer 32 Quadrate von ca. 3,5 cm Kantenlänge ausschneiden. Dann mit dem dunklen Teig genauso verfahren.

Die 64 Quadrate abwechselnd und dicht an dicht auf das Backblech legen, sodass ein Schachbrett entsteht. Auf der mittleren Schiene ca. 20 Minuten backen. Herausnehmen und vollständig abkühlen lassen. Die Schokoladenschachfiguren daraufstellen. Nach Belieben können diese auch mit etwas Zuckerguss auf den Kuchen geklebt werden.

Frikadellen-Gesichter

Für 12 Frikadellen in unterschiedlichen Dekorationen

Für den Fleischteig
3 altbackene Brötchen vom Vortag • 1 Bund Petersilie • 4 El Pinienkerne • 4 Zwiebeln • 2 Knoblauchzehen • 5 El Öl • 1 kg gemischtes Hackfleisch • 3 Eier • Salz • Pfeffer • Paprikapulver edelsüß

Außerdem
4 grüne, mit Paprika gefüllte Oliven • Mayonnaise aus der Tube • 4 Babymais aus dem Glas • 4 krause Salatblätter • 8 Scheiben Toastbrot • Ketchup • 2 Kirschtomaten • 4 schwarze Oliven • 1 rote und 1 gelbe Paprikaschote • 8 schwarze oder rote Pfefferkörner

Zubereitungszeit ca. 40 Minuten (plus ca. 12 Minuten Bratzeit)

Die Brötchen in Stücke schneiden und in etwas kaltem Wasser einweichen. Petersilie waschen, trocken schütteln und die Blättchen hacken. Die Pinienkerne in einer Pfanne ohne Fett goldgelb rösten, grob hacken und mit der Petersilie in eine Schüssel füllen.

Zwiebeln und Knoblauchzehen schälen und hacken. In 1 El Öl glasig dünsten, dann zur Petersilie geben. Die ausgedrückten Brötchen dazugeben. Hackfleisch, Eier, Salz, Pfeffer und Paprikapulver ebenfalls dazugeben und alles zu einem Teig verkneten.

12 Frikadellen formen und diese nach und nach im restlichen erhitzten Öl von beiden Seiten knusprig braun braten.

4 Frikadellen zu Gruselmasken verzieren. Dafür die grünen Oliven halbieren. Auf jede Frikadelle mit Mayonnaise 2 Augen malen und die halbierten Oliven als Augen daraufkleben. Mit einem scharfen Messer mittig ein Loch in die Frikadelle pieksen und den Babymais als Nase hineinstecken.

4 Frikadellen zu Clowns verzieren. Dafür die Frikadellen auf krause Salatblätter legen, sodass es so aussieht, als hätten sie einen Harlekinkragen. Aus 4 Toastbrotscheiben jeweils 1 möglichst großes Dreieck schneiden. Mit Mayonnaise bestreichen und in der Längsachse mit 4–5 Ketchuppunkten verzieren. Oben an die Frikadellen als Hut anlegen.

Aus den 4 restlichen Toastbrotscheiben jeweils 2 Dreiecke schneiden. Diese unterhalb der Frikadellen als Fliege anlegen. Die Verbindung durch ein Stück Kirschtomate verdecken. Für die Augen die schwarzen Oliven halbieren und mit Mayonnaise auf die Frikadellen kleben. Mund und Nase mit Mayonnaise und Ketchup malen.

Die letzten 4 Frikadellen werden zu Krabben. Dafür die Paprikaschoten putzen, waschen, trocknen und aus jeder Schote 16 gleich lange, dünne Streifen schneiden. Jeweils 4 Streifen einer Schote rechts und links in die Frikadellen als Beine stecken. Am einfachsten ist dies, wenn man mit einem Schaschlikspieß die Löcher vorformt. Mit Mayonnaise und Pfefferkörnern die Augen malen, mit Ketchup den Mund.

Pharao im Schlafrock

Den Backofen auf 200 °C vorheizen. Ein Backblech mit Backpapier auslegen und mit Wasser besprenkeln. Die Blätterteigplatten auftauen lassen, auf einer bemehlten Arbeitsplatte leicht ausrollen und längs halbieren. Mit einem scharfen Messer jede Platte in ca. 3 Streifen schneiden.

Die Würstchen mit einer Gabel mehrfach einpieksen, damit sie nicht platzen. Dann mit den Blätterteigstreifen einwickeln. Dabei das obere Ende als „Kopf" frei lassen, unterhalb des Kopfes – als Kopfkissen – aber auf jeden Fall etwas Blätterteig anbringen. Die Pharaonen auf das Backblech legen.

Eigelb mit Milch verquirlen. Den Blätterteig mit dem Eigelb bepinseln und mit einer Prise grobem Meersalz bestreuen. Auf der mittleren Schiene ca. 10 Minuten backen. Leicht abkühlen lassen, dann mit etwas Mayonnaise auf jeden Kopf 2 schwarze Pfefferkörner als Augen kleben.

Für 8 Stück

4 Platten TK-Blätterteig
8 Wiener Würstchen
1 Eigelb
2 El Milch
grobes Meersalz zum Bestreuen

Außerdem

Mehl für die Arbeitsfläche
Mayonnaise und 16 schwarze Pfefferkörner für die Augen

Zubereitungszeit: ca. 10 Minuten (plus ca. 10 Minuten Auftauzeit und ca. 10 Minuten Backzeit)

Für 4 Schiffe

Für den Auflauf
500 g Hörnchen-Nudeln
Salz
200 g Erbsen (TK)
250 g gekochter Schinken
1 große Dose Ananasstücke
200 g Emmentaler zum Bestreuen

Für die Béchamelsauce
50 g Butter
30 g Mehl
750 ml Milch
1 El gekörnte Brühe
Pfeffer
frisch geriebene Muskatnuss

Außerdem
Butter für die Förmchen
8 lange Holzspieße
24 dünne Scheiben gekochter Schinken
8 Holzspieße

Zubereitungszeit ca. 40 Minuten (plus ca. 20 Minuten Gratinierzeit)

Südseeschiff mit Schinkensegel

Die Nudeln nach Packungsanweisung in ausreichend kochendem Salzwasser gar kochen. Ca. 4 Minuten vor Ende der Garzeit die gefrorenen Erbsen dazugeben. Alles in ein Sieb gießen und abtropfen lassen. Den Backofen auf 190 °C vorheizen.

Den Schinken fein würfeln. Die Ananasstücke in ein Sieb gießen und abtropfen lassen. Den Saft dabei auffangen. Anschließend die Ananasstücke in einer Schüssel mit Schinken, Nudeln und Erbsen vermengen.

Für die Sauce die Butter in einem Topf zerlassen, das Mehl dazusieben und unter Rühren anschwitzen. Die Milch mit dem Ananassaft dazugeben, alles glatt rühren und unter Rühren aufkochen lassen. Mit gekörnter Gemüsebrühe, Salz, Pfeffer und etwas frisch geriebener Muskatnuss würzig abschmecken.

4 ofenfeste ovale Auflaufförmchen mit Butter ausfetten. Die Nudel-Schinken-Mischung darauf verteilen und mit Béchamelsauce übergießen. Mit geriebenem Emmentaler bestreuen und auf der mittleren Schiene ca. 20 Minuten gratinieren. Die Schinkenscheiben ziehharmonikaförmig zusammenfalten und je 3 durch einen langen Holzspieß stecken. Die Scheiben wieder leicht auseinanderziehen und als Segel auf die Südseeschiffe stecken.

Für 4 Portionen

ca. 1,2 l Gemüsebrühe • 2 Schalotten • 75 g Butter • 3–4 El Olivenöl • 250 g Risottoreis • 2 El Zitronensaft • 150 g frische Erbsen • 100 g Spinat • 50 g Parmesan • Salz • Pfeffer • 500 g Hokkaido • 400 g Leberkäse

Außerdem

Butter zum Einfetten • 4 lange Holzspieße

Zubereitungszeit ca. 40 Minuten

Mondlandung

Die Gemüsebrühe in einem Topf erhitzen. Die Schalotten schälen und fein hacken. 25 g Butter mit 1 El Olivenöl in einer Pfanne zerlassen. Die Schalotten darin glasig andünsten.

Den Reis hineinstreuen und mitdünsten, bis er von allen Seiten mit Fett überzogen und ebenfalls glasig ist. Den Zitronensaft und 1 Schöpfkelle heiße Brühe dazugeben. Unter Rühren warten, bis der Reis die Flüssigkeit aufgenommen hat, dann eine weitere Schöpfkelle voll Brühe dazugeben. So weiterverfahren, bis der Reis bissfest ist.

Die Erbsen und den Spinat blanchieren, den Spinat pürieren. Beides mit der restlichen Butter und dem frisch geriebenen Parmesan unter den Reis rühren. Mit Salz und Pfeffer abschmecken. Warm halten.

Den Hokkaido waschen, putzen und in Stücke schneiden. In etwas Salzwasser gar kochen. Abgießen und mit etwas Brühe cremig pürieren. Mit Salz und Pfeffer abschmecken.

Den Leberkäse in ca. 0,7 cm dicke Scheiben schneiden. Aus den Scheiben mit Ausstechern Sterne und Menschen ausstechen. Diese im restlichen Olivenöl braten.

Eine Tasse mit Butter ausfetten. Das Risotto hineinfüllen und mittig auf Teller stürzen. Mit dem Kürbispüree einen Planetenschweif drumherum ziehen.

Die Leberkäse-Sterne auf den Schweif legen und jeweils 1 Leberkäsemenschen mithilfe eines langen Holzspießes auf den Risotto-Planeten stellen.

Wer will, kann dem Männchen mithilfe von Mayonnaise und Pfefferkörnern Augen gestalten und aus Radieschenscheiben und Schnittlauch Astronautenhelme basteln.

Lustiges Mars-Männchen

Die Götterspeise im heißen Wasserbad erwärmen, damit sie dickflüssig wird. 4 Teller bereitstellen. Jeweils eine Hälfte des Tellers mit gelber Götterspeise, die andere Hälfte mit roter Götterspeise bedecken. Mit einer Gabel leicht spiralförmig verrühren. Die Mikado-Stäbchen halbieren. 4 Belegkirschen in schmale Spalten schneiden.

Die großen Eiskugeln mittig auf die Teller setzen. Die kleinen Kugeln darauf setzen und leicht andrücken. Auf die langen Mikadostäbchen je eine Belegkirsche stecken und diese als Stielaugen oben in die kleine Kugel stecken. Mit den Belegkirschenscheiben Münder formen.

Nun den Puderzucker mit ein paar Tropfen Wasser zu einer weißen, dicken Creme rühren und damit die Pupillen auf die Stielaugen malen. Sofort servieren.

Für 4 Männchen

2 Becher gelbe Götterspeise (à ca. 125 g) • 2 Becher rote Götterspeise (à ca. 125 g) • 4 Mikado-Stäbchen • 12 Belegkirschen • 4 große Kugeln Pistazieneis • 4 kleine Kugeln Pistazieneis • 30 g Puderzucker

Zubereitungszeit ca. 20 Minuten

Für 4 Portionen

1 Ananas • 200 g Erdbeeren oder Himbeeren • 1 El Zitronensaft • 2 El Puderzucker

Zubereitungszeit ca. 15 Minuten

ANANAS-FRITTEN MIT HIMBEER-KETCHUP

Die Ananas schälen und alles, bis auf den harten Mittelteil, in Stäbchen auf Pommes-Größe schneiden. Die Beeren waschen, trocknen und putzen. Mit dem Zitronensaft und dem Puderzucker pürieren. Zusammen mit den „Pommes" servieren.

Süsses Bier mit Vanilleschaum

Die Götterspeise in einem Topf mit 1 Liter kaltem Wasser und dem Zucker verrühren. Kurz stehen lassen. Die Aprikosen in ein Sieb geben und abtropfen lassen, den Saft dabei auffangen. Den Saft bis zur weiteren Verwendung kalt stellen. Die Früchte würfeln und die Hälfte davon auf Gläser verteilen.

Die Götterspeise nach Packungsanweisung erhitzen, aber nicht kochen. Leicht abkühlen lassen und die Hälfte davon in die Gläser über die Aprikosen gießen. Abkühlen lassen und für ca. 2 Stunden kühl stellen, bis die Götterspeise erstarrt ist. Restliche Götterspeise bei Zimmertemperatur stehen lassen.

Sobald die Götterspeise im Kühlschrank fest geworden ist, die restlichen Aprikosenwürfel darauf verteilen. Darauf die restliche Götterspeise gießen. Am besten über Nacht kalt stellen.

Kurz vor dem Servieren die Sahne mit dem Vanillezucker steif schlagen. So viel von dem aufgefangenen Aprikosensaft dazugießen, bis die Sahne schön cremig ist. Als Bierblume auf die Gläser verteilen und sofort servieren.

Für ca. 8 Portionen

2 Beutel Götterspeise Zitrone (für insgesamt 1 l Flüssigkeit)
200 g Zucker
1 Dose Aprikosen (425 ml)
400 ml Sahne
2 P. Vanillezucker

Zubereitungszeit ca. 25 Minuten (plus ca. 12 Stunden Kühlzeit)

Gefüllte Tomaten-Köpfe

Für 4 Köpfe

4 große Fleischtomaten mit Stielansatz • 500 g Fleischwurst • 100 g Emmentaler • 1 Zwiebel • 3 Gewürzgurken • 2,5 El Obstessig • 4 El Sonnenblumenöl • Salz • Pfeffer • 4 Stiele Petersilie • 2 Scheiben Bauernbrot • Mayonnaise aus der Tube • 8 kleine Kapern

Zubereitungszeit ca. 30 Minuten

Die Tomaten vorsichtig waschen und trocknen, damit der Stielansatz dranbleibt. Die Tomaten oben am Stielende abschneiden und beiseitelegen. Diese Teile ergeben die Hüte. Die Tomaten selbst mit einem Löffel aushöhlen.

Für die Wurstsalatfüllung die Fleischwurst in Stifte schneiden. Den Emmentaler ebenfalls in Stifte schneiden. Die Zwiebel schälen und sehr fein hacken, die Gurken fein würfeln. Fleischwurst, Käse, Zwiebel und Gurken in eine Schüssel geben und alles mit Essig, Öl und 2,5 El Wasser mischen. Mit Salz und Pfeffer abschmecken.

Die Petersilie waschen und trocken schütteln. Kleine Büschel abbrechen und beiseitelegen. Den Wurstsalat in die Tomaten füllen. Aus dem Bauernbrot mit einem Plätzchenausstecher 4 Paar Füße ausstechen. Je 2 nebeneinander auf einen Teller setzen und die Tomate darauf platzieren.

Die Petersilie oben in die Tomate als Haarbüschel hineinstecken. Den Hut mit Stielansatz leicht schräg aufsetzen. Nun für die Augen die Tomate vorne mit Mayonnaisetupfen versehen und Kapern daraufsetzen. Ebenfalls mit Mayonnaise einen Mund zeichnen und die Tomatenmännchen sofort servieren.

Zucchinischiffchen

Für 8 Schiffe

5 kleinere Zucchini
1 altbackenes Brötchen vom Vortag
2 Zwiebeln
2 Tl Öl
375 g Rinderhack
1 Ei
Salz
Pfeffer
Paprikapulver edelsüß
200 ml passierte Tomaten
Zucker
1 El Crème fraîche

Außerdem
8 Holzspieße

Zubereitungszeit ca. 30 Minuten
(plus ca. 30 Minuten Schmorzeit)

Die Zucchini waschen und trocknen. 4 Zucchini längs halbieren und mit einem Teelöffel ausschaben. Das Brötchen entrinden, würfeln und in etwas kaltem Wasser einweichen. Die Zwiebeln schälen und hacken.

Die Hälfte der Zwiebeln in 1 Tl Öl andünsten. Sobald die Zwiebel glasig ist, in eine Schüssel füllen. Das Brötchen ausdrücken und dazugeben. Rinderhack, Ei, Salz, Pfeffer und Paprikapulver ebenfalls dazugeben. Alles mit den Händen verkneten und in die Zucchini füllen. Leicht festdrücken.

Die restliche Zwiebel im restlichen Öl in einer großen Pfanne andünsten. Die passierten Tomaten dazugeben. Alles salzen, pfeffern und eine Prise Zucker unterrühren. Die Zucchini hineinsetzen und abgedeckt bei milder Hitze ca. 30 Minuten schmoren. Die restliche Zucchini in dünne Scheiben schneiden und diese wie Segel auf die Holzspieße stecken.

Die fertig gegarten Zucchini herausnehmen und warm stellen. Die Sauce mit Crème fraîche binden und nochmals mit Salz, Pfeffer und Paprikapulver würzig abschmecken. Die Sauce als Spiegel auf Teller verteilen und je 2 mit 2 Segeln verzierte gefüllte Zucchini daraufsetzen.

Fußball-Pizza

Für den Vorteig die Hefe in 200 ml lauwarmes Wasser bröckeln. Mit 4 El Mehl, dem Zucker und 1 Prise Salz verrühren. Abgedeckt ca. 20 Minuten gehen lassen. Anschließend diesen Vorteig mit den restlichen Zutaten für den Teig verkneten. Zur Kugel rollen und mit einem Küchentuch bedeckt an einem warmen windgeschützten Ort ca. 1 Stunde gehen lassen, bis der Teig sein Volumen verdoppelt hat.

Den Spinat in einem Topf bei kleiner Hitze auftauen lassen. Den Knoblauch schälen, dazupressen, alles unter Rühren aufkochen und mit Salz und Pfeffer abschmecken. Vom Herd nehmen.

Den Backofen auf 200 °C vorheizen. Ein Backblech mit Backpapier auslegen und den Teig nochmals kräftig durchkneten. Auf einer bemehlten Arbeitsfläche auf Größe des Backblechs ausrollen und auf das Blech legen. An den Seiten einen kleinen Wulst formen, überhängende Teigstücke entfernen. Den Spinat auf die Pizza geben. Auf der mittleren Schiene ca. 30 Minuten backen.

Den Parmesan sehr fein reiben. Babymais abtropfen lassen. Den Gouda in babymaislange Sticks schneiden.

Die fertige Pizza sofort mit dem Parmesan wie ein Spielfeld bestreuen. In das eine Tor 1 Babymais, in das gegenüberliegende Tor 1 Goudastick stellen. Die anderen „Spieler" auf dem Spielfeld verteilen. Dem Gouda mit Ketchup und den Babymais mit Mayonnaise oben an der Spitze einen Punkt aufmalen. Zum Schluss die Mozzarellakugel auf das Spielfeld legen und mit Ketchup-Punkten verzieren.

Für 1 Blech

Für den Teig
1 Würfel Hefe • 500 g Mehl • 1 Prise Zucker • 1 Tl Salz • 5 El Olivenöl

Für den Belag
750 g TK-Blattspinat • 1–2 Knoblauchzehen • Salz • Pfeffer

Für die Dekoration
200 g Parmesan • 7 Babymais (aus dem Glas) • 70 g Gouda am Stück • Ketchup • Mayonnaise aus der Tube • 1 Kugel Minimozzarella

Außerdem
Mehl für die Arbeitsfläche

Zubereitungszeit ca. 40 Minuten (plus ca. 1 Stunde Zeit zum Gehen und ca. 20 Minuten Backzeit)

Fußball Cake-Pops

Für ca. 35 Stück

Für den Teig
325 g Butter
180 g Zucker
1 P. Vanillezucker
Salz
4 Eier
250 g Mehl
1 Tl Backpulver
1 Tl Vanilleextrakt
180 g Frischkäse
150 g Puderzucker

Außerdem
Butter zum Einfetten
Mehl zum Ausstäuben
500 g weiße Schmelzdrops
schwarze Kakaobutter
ca. 35 Lollipop-Sticks
Kokosfett

Zubereitungszeit ca. 60 Minuten (plus ca. 50 Minuten Backzeit, ca. 30 Minuten Zeit zum Auskühlen, ca. 2 Stunden Kühlzeit und ca. 1 Stunde Trockenzeit)

Den Backofen auf 180 °C vorheizen. Eine Kastenform (20 cm lang) mit Butter einfetten und mit Mehl ausstäuben. 250 g weiche Butter mit Zucker, Vanillezucker und 1 Prise Salz in eine Schüssel geben und mit dem Handrührgerät schaumig rühren.

Ein Ei nach dem anderen unterrühren. Mehl mit Backpulver mischen und über die Creme sieben. Vanilleextrakt dazugeben und alles zu einem glatten Teig verrühren. In die Form füllen, glatt streichen und auf der mittleren Schiene ca. 50 Minuten backen.

Den Kuchen herausnehmen, 5 Minuten in der Form stehen lassen, dann auf ein Kuchengitter stürzen. Völlig auskühlen lassen, die braunen Ränder dünn abschneiden und den Kuchen in einer Schüssel zerkrümeln.

In einer zweiten Schüssel die restliche weiche Butter mit dem Frischkäse und dem Puderzucker verrühren. Diese Masse zum Kuchen geben, alles vermengen und ca. 35 kleine Bälle rollen. Im Kühlschrank 2 Stunden fest werden lassen.

Für die Glasur die Schmelzdrops im Wasserbad schmelzen. Die geschmolzenen Drops im Topf immer wieder umrühren. Falls die Masse zu fest werden sollte, etwas Kokosfett unterrühren. Die Lollipop-Sticks ca. 2 cm tief in die Masse tauchen und dann ebenso tief in die Bälle stecken. Die Cake-Pops mit der Schmelzdropsmasse überziehen und in ein hohes Glas stellen, damit die überschüssige Masse abtropfen kann. Trocknen lassen.

Zum Fertigstellen die schwarze Kakaobutter im Wasserbad zerlassen und die Fußbälle mit einem feinen Pinsel mit schwarzen 8-Ecken bemalen. Vollständig trocknen lassen. Cake-Pops bis zum Verzehr kühl aufbewahren.

Für 1 Pickup

250 g Kokosfett • 2 Eier • 180 g Zucker • 1 P. Vanillezucker • 60 g Kakaopulver • 350 g Butterkekse • 4 runde Kekse für die Räder • 2 kleine runde Fruchtgummis • 2 viereckige Fruchtgummis • 1 Waffelröllchen • 200 g Puderzucker • rote Lebensmittelfarbe

Zubereitungszeit: ca. 40 Minuten (plus ca. 3 Stunden Kühlzeit und ca. 1 Stunde Zeit zum Trocknen)

Pickup

Eine Kastenform (24 cm Länge) mit Backpapier auslegen. Das Kokosfett in Stücke schneiden und in einem Topf schmelzen. Die Eier mit dem Zucker- und Vanillezucker schaumig schlagen. Das Kakaopulver dazusieben und schließlich das gerade noch flüssige Kokosfett darunterrühren. 5 Esslöffel Schokomasse beiseitelegen.

Eine Schicht Schokoladenmasse in die Form geben und diese mit Butterkeksen bedecken. So weiterverfahren, bis die Form ca. 5 cm hoch gefüllt ist. Im hinteren Drittel eine Zweierreihe Kekse abwechselnd mit Schokomasse ca. 4 cm hoch aufschichten. Alles mit Frischhaltefolie abdecken und für ca. 3 Stunden kalt stellen.

Den kalten Hund vorsichtig aus der Form nehmen und das Backpapier entfernen. Falls nötig, die Seiten mit einem scharfen Messer begradigen.

Die beiseitegestellte Schokomasse im Wasserbad schmelzen. Mit etwas Schokomasse die runden Kekse auf der Unterseite bepinseln und auf jede Längsseite vorne und hinten 2 Kekse als Räder an die Karosserie kleben. Vollständig trocknen lassen.

Die runden Fruchtgummis ebenfalls von 1 Seite mit der Schokomasse bepinseln und als Scheinwerfer an den Laster kleben. An das Fahrerhäuschen auf die gleiche Weise die eckigen Fruchtgummis als Fenster kleben. Nun mit der restlichen Schokomasse das Dach bepinseln und das Waffelröllchen als Schornstein anbringen. Den Puderzucker mit roter Lebensmittelfarbe und etwas Wasser glatt rühren und vorne und hinten auf den Laster streichen. Alles vollständig trocknen und aushärten lassen.

Sternenwolke

Mehl mit Backpulver mischen. Beides mit Zucker, Vanillezucker, 1 Prise Salz, Butter, Ei und Eigelb zu einem Mürbeteig verkneten. In Folie wickeln und im Kühlschrank ca. 1 Stunde ruhen lassen.

Den Backofen auf 180 °C vorheizen. Ein Backblech mit Backpapier auslegen. 1/4 des Teiges abnehmen und beiseitestellen. Den restlichen Teig auf einer bemehlten Arbeitsfläche in Größe des Backblechs ca. 4 mm dick ausrollen. Auf das Backblech legen und mit einem Messer die Kontur einer Wolke ausschneiden. Auf der mittleren Schiene ca. 10 Minuten backen.

Die abgeschnittenen Teigreste mit dem beiseitegelegten Teig verkneten. Auf einer bemehlten Arbeitsfläche ca. 4 mm dick ausrollen und 1 Halbmond, 1 Sternschnuppe sowie Sterne in unterschiedlichen Größen ausstechen, bis der Teig verbraucht ist. Das Backblech erneut mit Backpapier belegen, die Plätzchen darauf verteilen und auf der mittleren Schiene ca. 10 Minuten backen. Herausnehmen und abkühlen lassen.

75 g Puderzucker mit gelber Lebensmittelfarbe und etwas Wasser glatt rühren. Die Sterne, den Mond und die Sternschnuppe damit bepinseln und mit Zuckerperlen verzieren. Alles vollständig trocknen lassen. Den restlichen Puderzucker mit blauer Lebensmittelfarbe und etwas Wasser glatt rühren. Die Wolke damit bepinseln. In den noch feuchten Zuckerguss Sterne, Sternschnuppe und den Mond kleben. Die Kokosraspel dekorativ aufstreuen. Alles trocknen lassen.

Für einen Sternenhimmel

300 g Mehl • 1 Tl Backpulver • 100 g Zucker • 1 P. Vanillezucker • Salz • 200 g Butter • 1 Ei • 1 Eigelb • 250 g Puderzucker • gelbe und blaue Lebensmittelfarbe • Zuckerperlen • Kokosraspel

Außerdem

Mehl für die Arbeitsfläche

Zubereitungszeit ca. 45 Minuten (plus ca. 1 Stunde Kühlzeit, ca. 20 Minuten Backzeit, ca. 15 Minuten Auskühlzeit und ca. 30 Minuten Zeit zum Trocknen)

Spiegeleikuchen

Für 10–12 Spiegeleier

120 g Butter • 6 Eier • Salz • 200 g Zucker • 200 g Mehl • 60 g gemahlene Haselnüsse • 60 g gehackte Haselnüsse • 300 g Puderzucker • 2 El Zitronensaft • 1 große Dose Aprikosen

Zubereitungszeit ca. 30 Minuten (plus ca. 15 Minuten Backzeit und ca. 30 Minuten Zeit zum Auskühlen)

Für den Biskuitteig den Backofen auf 180 °C vorheizen. Ein Backblech mit Backpapier auslegen. Die Butter zerlassen, dann vom Herd nehmen. Die Eier trennen. Das Eiweiß mit 1 Prise Salz steif schlagen, bis zur weiteren Verwendung kühl stellen. Eigelb mit dem Zucker dick-schaumig schlagen.

Das Mehl auf die Eiercreme sieben, aber noch nicht unterrühren. Die gerade noch flüssige Butter dazugießen, ebenfalls noch nicht unterrühren. Die gemahlenen und gehackten Nüsse daraufgeben. Nun den Eischnee dazugeben und alles vorsichtig mit dem Kochlöffel zu einer homogenen Masse unterheben.

Auf das Backblech geben, glatt streichen und auf der mittleren Schiene ca. 15 Minuten backen. Herausnehmen und vollständig auskühlen lassen.

Mit einem scharfen Messer Spiegelei-Formen aus dem Teig ausschneiden und auf ein Tortengitter legen. Den Puderzucker mit Zitronensaft und etwas Wasser dick-cremig rühren und die einzelnen Küchlein damit überziehen. Die Aprikosen in ein Sieb geben und abtropfen lassen. Pro Küchlein 1 halbe Aprikose als Eigelb in den noch feuchten Zuckerguss drücken und alles trocknen lassen.

Monster-Muffins

Für die Muffins den Backofen auf 180 °C vorheizen. Die Mulden eines Muffinblechs mit Papierbackförmchen auslegen. Die weiche Butter mit Zucker und Vanillezucker schaumig rühren. Die Eier nach und nach darunterrühren.

Das Mehl mit dem Backpulver mischen und dazusieben. Nun die Milch dazugießen und alles zu einem glatten Teig verrühren. 24 Schokotropfen beiseitelegen, die restlichen Schokotropfen unter den Teig rühren.

Den Teig auf die Muffinförmchen verteilen und auf der mittleren Schiene 20–25 Minuten backen. Herausnehmen, kurz in der Form ruhen lassen, dann die Muffins auf einem Kuchengitter vollständig abkühlen lassen.

Für die Augen die Marzipanmasse mit 75 g Puderzucker verkneten und zu 24 kleinen, runden Kugeln rollen. Die beiseitegelegten Schokotropfen als Pupillen in die Marzipanaugen drücken.

Die Kokosraspel in eine Schüssel geben und mit etwas blauer Lebensmittelfarbe einfärben. Dafür am besten Küchenhandschuhe überziehen. Anschließend die Kokosraspel auf ein mit Backpapier ausgelegtes Backblech verteilen und trocknen lassen. Danach wieder in eine Schüssel füllen.

Aus dem restlichen Puderzucker, blauer Lebensmittelfarbe und wenig Wasser einen dickflüssigen Guss anrühren. Die Muffinoberfläche damit einpinseln (etwas Guss für die Augen zurückbehalten) und die Muffins kopfüber in die blauen Kokosraspel tauchen. Vorsichtig in jeden Muffin mit einem scharfen Messen einen Schlitz schneiden und je 1/2 Schokocookie als Mund hineinstecken. Mit etwas Zuckerguss die Augen auf die Muffins kleben und alles trocknen lassen.

Tipp: Die Augen und die gefärbten Kokosraspeln werden am besten am Vortag fertiggestellt. So haben sie Zeit zum Trocknen.

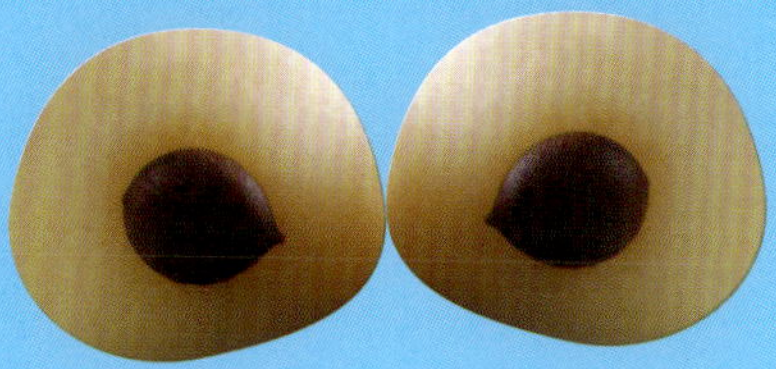

Für 12 Stück

125 g weiche Butter
200 g Zucker
1 P. Vanillezucker
3 Eier
300 g Mehl
1 P. Backpulver
125 ml Milch
100 g Schokotropfen
125 g Marzipanrohmasse
200 g Puderzucker
100 g Kokosraspeln
blaue Lebensmittelfarbe
6 Schoko-Cookies

Zubereitungszeit ca. 45 Minuten (plus ca. 20 Minuten Backzeit, ca. 30 Minuten Zeit zum Auskühlen und ca. 3 Stunden Zeit zum Trocknen)

Papageienkuchen

Für 1 Napfkuchenform

200 g Mehl • 1 P. Backpulver • 200 g Zucker • 300 g Butter • 4 Eier • 150 g saure Sahne • 2 P. Vanillesaucenpulver • gelbe Lebensmittelfarbe • 1 P. Götterspeise Waldmeistergeschmack • grüne Lebensmittelfarbe • 1 P. Götterspeise Kirschgeschmack • rote Lebensmittelfarbe

Außerdem

Butter für die Form • Mehl zum Ausstäuben • 200 g Puderzucker • 1 El Zitronensaft • blaue Lebensmittelfarbe

Zubereitungszeit ca. 30 Minuten (plus ca. 45 Minuten Backzeit und ca. 30 Minuten Zeit zum Auskühlen)

Den Backofen auf 180 °C vorheizen. Eine Napfkuchenform mit Butter ausfetten und mit etwas Mehl ausstäuben. Das Mehl mit Backpulver in eine Schüssel sieben. Den Zucker dazugeben. Die weiche Butter, die Eier und die saure Sahne dazugeben. Alles mit dem Rührbesen des Handrührgeräts zu einem glatten Teig verrühren. Den Teig dritteln und auf 3 Schüsseln verteilen.

Das erste Teigdrittel mit dem Vanillesaucenpulver verrühren und mit ein paar Tropfen Lebensmittelfarbe gelb einfärben. Das zweite Teigdrittel mit einer Tüte Götterspeise mit Waldmeistergeschmack verrühren und mit etwas grüner Lebensmittelfarbe intensiver färben. Zum letzten Teigdrittel die Götterspeise mit Kirschgeschmack geben. Unterrühren und mit etwas roter Lebensmittelfarbe intensiver färben.

Abwechselnd je 1 gehäuften Esslöffel jeder Teigsorte nebeneinander in die Form geben, bis der gesamte Teig verbraucht ist. Zum Schluss eine Gabel spiralförmig leicht durch den Teig ziehen. Auf der mittleren Schiene ca. 45 Minuten backen.

Herausnehmen und kurz in der Form ruhen lassen. Ein Kuchengitter auflegen, alles vorsichtig umdrehen, sodass der Kuchen nun wieder richtig herum steht. Vollständig abkühlen lassen.

Den Puderzucker mit dem Zitronensaft, etwas Wasser und blauer Lebensmittelfarbe glatt rühren und den Kuchen damit überziehen. Vollständig trocknen lassen und nach Belieben verzieren.

Lokomotive aus Dominosteinen

Für 1 Lokomotive mit 3 Waggons

150 g Puderzucker
1 El Zitronensaft
6 Dominosteine
12 große Smarties
3 kleine Smarties

Zubereitungszeit ca. 15 Minuten
(plus ca. 1 Stunde Zeit zum Aushärten)

Den Puderzucker mit dem Zitronensaft und ein paar Tropfen Wasser zu einer dicken Creme rühren.

Für die Lokomotive 2 Dominosteine mit 1 Tupfen Zuckerguss nebeneinanderkleben. Auf den hinteren Dominostein mit etwas Zuckerguss einen 3. oben daraufkleben.

Als Räder links und rechts an beiden Seiten mit etwas Zuckerguss 4 große Smarties kleben. Als Schornstein vorne auf die Lok 3 kleine Smarties übereinanderkleben. Als Fenster links und rechts an das Fahrerhäuschen ebenfalls je 1 Smartie kleben. Alles vollständig aushärten lassen.

Währenddessen für die Waggons an jeden der 3 Dominosteine rechts und links 1 großes Smartie als Rad kleben. Ebenfalls trocknen lassen. Hintereinander arrangieren, nach belieben als Unterlage Schienen aufzeichnen und die Lokomotive darauf fahren lassen.

Rezeptverzeichnis

Süßes

Herzhaftes

Abkürzungsverzeichnis

ca.	=	zirka
cl	=	Zentiliter
cm	=	Zentimeter
El	=	Esslöffel
FP	=	Fertigprodukt
g	=	Gramm
kg	=	Kilogramm
l	=	Liter
Min.	=	Minute
ml	=	Milliliter
Msp.	=	Messerspitze
P.	=	Päckchen
Std.	=	Stunde
TK	=	tiefgekühlt
Tl	=	Teelöffel
Ø	=	Durchmesser

Einleitung und Rezepte: Nina Engels
Rezeptfotografie: Klaus Klaussen
Foodstyling: Alexandra Fornace
Konzept und Redaktion: Cornelia Teich
Satz und Layout: JB Bild|Text|Satz

Ilustrationen
Fotolia.com
S. 1, 8 und 25 (Tatzen, © shama65), S. 3, 17 und 58/59 (Spinne, © 007), S. 3, 58 und 70/71 (Spinnennetz, © Felix Pergande), S. 4/5, 26/27 und 127 (Schildkröte, © Sainte-Laudy), S. 5, 40 und 128 (Rahmen, © Stian Iversen), S. 35, 127 und 128 (Blumen, © samantha grandy), S. 8 (Streifen, © emmi), S. 14, 33, 126 und 128 (Krokodil, © lantapix), S. 19 und 43 (© Blanca), S. 22 (© zuzanaa), S. 30, 38 und 126 (Igel, © Isis Ixworth), S. 30 und 125 (Schokolinsen, © greengamba), S. 40 (© VRD), S. 45 und 52 (© yur4ak), S. 47 (© beermedia), S. 48 (© Stocksnapper), S. 56/57 (© michanolimit), S. 61 (© Eric Isselée), S. 62/63 (© Zsolt Biczó), S. 65 (© mekcar), S. 66/67 (© Oculo), S. 73 und 76 (© cruffpics), S. 82/83 (© senoldo), S. 89 und 127 (Hase, © YAkovlev), S. 93 und 122 (© Erica Guilane-Nachez), S. 99 und 108/109 (© Marem), S. 102/103 (© Jan Spurny), S. 115 (© DocRaBe), S. 116 (© festiven), S. 125 (© Isis Ixworth)

JB Bild|Text|Satz
S. 7, 50, 75, 80, 86, 94, 97, 101 und 118

MEV.de
S. 100 (Mond, © Rudolf Kostolnik)